ÉTUDES DE PHILOSOPHIE NATURELLE

N° 6

SENS ET RATIONALITÉ

DU

DOGME EUCHARISTIQUE

PAR

J.-ÉMILE FILACHOU

Docteur ès-Lettres.

So wandert der Begriff des Seyn !....
HERBARTS — *Psychologie als Wissenschaft,*
B. II, §. 141, §. 311.
Ainsi se déplace l'idée de l'être !

MONTPELLIER

TYPOGRAPHIE ET LITHOGRAPHIE DE BOEHM ET FILS

PLACE DE L'OBSERVATOIRE

1872

ÉTUDES DE PHILOSOPHIE NATURELLE

N° 6

SENS ET RATIONALITÉ

DU

DOGME EUCHARISTIQUE

C.

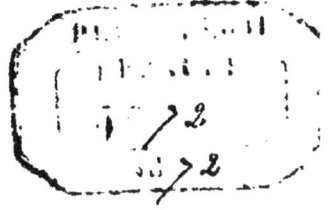

ÉTUDES DE PHILOSOPHIE NATURELLE

N° 6

SENS ET RATIONALITÉ

DU

DOGME EUCHARISTIQUE

PAR

J.-ÉMILE FILACHOU

Docteur ès-Lettres.

So wandert der Begriff des Seyn !....
HERBARTS — *Psychologie als Wissenschaft,*
B. II, §. 141, §. 311.
Ainsi se déplace l'idée de l'être !

MONTPELLIER

TYPOGRAPHIE ET LITHOGRAPHIE DE BOEHM ET FILS

PLACE DE L'OBSERVATOIRE

1872

A LA MÉMOIRE

DE M. CAPELLE

CONSEILLER HONORAIRE

Près la Cour d'Appel de Montpellier.

TABLE DES MATIÈRES

FIN DE LA TABLE.

AVANT-PROPOS

On a dit: *le mystère de l'Eucharistie est inexplicable*, et personne n'a protesté contre cette proposition; aujourd'hui, faisant trêve à tout autre travail, nous venons soutenir le contraire.

Plusieurs nous accuseront sans doute de nous écarter, en cela, de notre plan, puisque nous y traitons sous le titre d'*Étude de philosophie naturelle*, de choses d'un ordre tout différent (en apparence) ; mais, sur ce point, nous en appellerons à l'autorité d'Aristote, qu'ici nos contradicteurs ne sauraient récuser. Ce philosophe, parlant des choses qu'embrasse l'étude de la nature, dit expressément qu'il y en a de trois sortes, savoir: les unes *étant* corps ou grandeur, les autres *ayant* corps ou grandeur, et d'autres encore *faisant* corps ou grandeur. τῶν γὰρ φύσει συνεστώτων τὰ μέν ἐστι σώματα καὶ μεγέθη, τὰ δ' ἔχει σῶμα καὶ μέγεθος, τὰ δ' ἀρχαι των ἐχόντων εἰσιν (*De cœlo*, lib. I, cap. I, § 1). Ces trois sortes de choses qui *sont*, *ont* et *font*, dont parle Aristote, reviennent à ce qui s'appelle *être*, *activité*, *puissance*, ou bien encore *genre*, *espèce*, *individualité*. Mais c'est là justement ce dont il s'agit dans ce traité.

Tout ce qui nous est proposé dans la Révélation n'est donc point exclusivement du ressort de la tradition ou de la morale; mais, en plusieurs points tels que le *dogme de l'Eucharistie*, la *question des miracles*, etc., l'on y touche immédiatement à la physique et à la nature. Nous ne sortons donc point, dans ce traité, de notre plan.

SENS ET RATIONALITÉ

DOGME EUCHARISTIQUE

1. Si la science humaine est sujette à des incertitudes, ténèbres ou mystères, la raison en est, ou que les choses apparaissent à l'homme trop compliquées pour qu'il les puisse aisément démêler par son *intelligence*, ou qu'il est actuellement trop mal placé pour pouvoir donner à ses jugements la double vérification expérimentale antécédente ou conséquente, soit interne ou externe, que le *Sens* et l'*Esprit* seraient en état de lui fournir. Mais un homme pourrait-il se donner cette double vérification antécédente ou conséquente,

et tous les faits, une fois ainsi bien constatés du
dehors ou du dedans, seraient-ils assez abordables à son intelligence pour qu'il les analysât par
la réflexion comme on décompose par un prisme
un rayon de lumière ? Il est évident qu'alors les
données objectives et les *idées* subjectives étant
constamment au même niveau, la science humaine jouirait d'une clarté, d'une certitude et
d'une harmonie parfaites.

2. Pourquoi n'en est-il pas ainsi ? Ce n'est pas
qu'un tel état de perfection soit radicalement
impossible, puisque nous venons de reconnaître
le contraire; mais, dès-lors qu'il nous fait défaut, il n'est pas, non plus, manifestement nécessaire, et son défaut peut tenir à des causes
assignables telles que, par exemple, le péché originel première source vraisemblable de toute dissonance physique, intellectuelle et morale. Car, admet-on par hypothèse un tel premier renversement
une fois réalisé, par exemple dans l'ordre sensible : non-seulement le *Sens* lui-même doit être
alors comme immédiatement entravé dans son
cours par son excès de prépondérance même,

mais encore l'exercice de l'Intellect doit être trou-
blé, le fonctionnement de l'Esprit en doit être
empêché complètement ; et par suite il est bien
impossible que la science atteigne jamais sa perfection par défaut ou d'*aptitudes* ou de *données*
suffisantes.

3. Replaçons-nous actuellement à notre premier point de vue, c'est-à-dire, supposons qu'aucune faute originelle n'existe: dans ce cas, de qui
dépendrait l'imperfection avouée de la science
humaine, ou plus généralement le désaccord et
le malaise aperçus partout, si ce n'est de la
Nature ou mieux de l'Être suprême et Créateur ?
Mais c'est déjà commettre un blasphème que
d'oser proférer une telle assertion. Il n'est donc
pas seulement permis, mais convenable, de dire
que, au cas où par hypothèse rien ne serait
intervenu pour changer le cours naturel des choses
ou troubler l'ordre primitif, toutes les trois puissances se seraient exercées ensemble ou sépa-
rément en harmonie parfaite, de manière qu'aucune ne manquât à son *tour*, ou ne sortît de son
rang, ou n'excédât en *degré*. Rien, alors, ne

dérangeant l'état normal des puissances, tous les
êtres eussent senti comme ils devaient sentir, ou
pensé comme ils devaient penser, ou voulu
comme ils devaient vouloir; et la science eût été
parfaite comme eussent également été parfaites la
béatitude et la Sainteté.

4. Tous les êtres intelligents eussent, alors,
été Dieu ? nous dira-t-on. Ils eussent été, non
pas Dieu, mais semblables à Dieu. Point, en eux,
de faute ni de souffrance, on l'admet ; mais pas
de mystères, non plus, ce qu'on ne semble pas
vouloir admettre. Et la raison en est que, en cas
de puissances bien ordonnées, les mystères ne
siéent pas plus à l'Intellect que les vices à l'Esprit,
ou les souffrances au Sens. Des êtres finis peuvent
être, dans leurs limites mêmes, semblables en
tout à l'infini, comme des sphères de rayons quel-
conques peuvent être semblables en tout (à l'extension des rayons près), quand leurs centres
sont superposés.

5. Si maintenant il n'y a point, en principe,
de mystères *nécessaires* pour la Raison même finie,

— comme il n'y a point d'ailleurs de créature qui ne voie ce qu'elle voit (munie , ou non , des lunettes de la grâce) avec ses propres yeux, — nous conclurons de là qu'il n'y a point de mystères *absolus* ou de choses incompréhensibles en elles-mêmes, mais seulement des mystères *relatifs* ou bien des choses incompréhensibles à tel point de vue, dans telle situation ou pour tels et tels êtres , et notamment, par exemple , pour tous ceux qui s'obstinent à juger des choses infinies , transcendantes ou surnaturelles, à l'aide des mêmes principes naturels qu'ils appliquent à l'estimation des grandeurs apparentes et des événements contingents. Car , évite-t-on de se caserner ainsi dans les étroits ressorts des sciences particulières, et, généralisant ses idées, se place-t-on au point de vue de la Raison parfaite, qui n'exclut pas plus le fini que l'infini de ses pensées, mais s'applique , au contraire , à les harmoniser à la fois pour tous les temps et lieux possibles : alors , de même que la Raison parfaite comprend tout , les Raisons même imparfaites doivent être à leur tour capables de tout comprendre, en vertu de ce rapport intime qui, dans le monde imaginaire, ne relie pas moins essentiellement le fini à l'infini que l'infini au fini , pour l'entière intelligence de l'un et de l'autre.

6. Après ces courtes mais nécessaires observations, nous sommes arrivé au point que nous avions en vue, dès le commencement, au sujet de l'Eucharistie, qu'on regarde en général comme le mystère des mystères[1]. Désormais, nous pouvons dire sans crainte d'être incompris ou mal jugé : l'Eucharistie n'est point un mystère incompréhensible en soi ; car, s'il plaît à Dieu de l'expliquer à ses élus, ou à quelqu'un d'entre eux en cela plus élu que les autres, il le peut évidemment ; et, si pour lors cet élu le comprend de fait, il est bien encore par là-même évident qu'il avait auparavant en lui-même la *puissance* (passive) de le comprendre,

---

[1] *A philosophiâ omni tantopere abhorret*, dit Brucker dans son *Histoire de la philosophie*, tom. V, pag. 16 (édition de Leipzig MDCCLXVI). Le concile de Trente, au contraire, tout en avouant l'extrême difficulté de s'exprimer sur ce mystère, admet la possibilité de s'en rendre compte par la *Raison aidée de la Foi*. *Possibilem tamen esse Deo, cogitatione per fidem illustratâ, assequi possumus*. Sessio XIII, cap. I.

comme Dieu avait la *puissance* (active) de le lui expliquer.

D'un autre côté, si le mystère eucharistique n'est point incompréhensible à la créature, il est explicable par elle. Cette conséquence est si naturelle ou si rationnelle qu'il ne semblerait pas même à propos de l'énoncer ; nous la prouverons néanmoins, au risque de trop dire ; et nous la fonderons sur ce que Dieu peut autant donner la faculté d'expliquer un mystère que celle de le comprendre. Dieu, constituant l'Église, ne s'est point astreint à ne faire arriver que par elle, collectivement envisagée, la vérité aux hommes ; il l'a seulement établie juge des doctrines, quelle qu'en soit la source ; et il ne lui a pas dit : vous parlerez seule, mais : vous aurez seule l'autorité du gouvernement. Est-ce que les apôtres ont jamais eu la pensée de s'approprier le don des langues et de ne le distribuer qu'à leurs favoris ? Saint Paul avait d'autres idées et n'était pas moins judicieux que libéral [1], en disant aux premiers pasteurs de l'Église de son

I Cor. XIV, 5. *Volo omnes vos loqui linguis*, etc.

temps : « Gardez-vous d'étouffer l'esprit et de
mépriser la science ! Votre charge est de tout
éprouver ; votre devoir, de retenir ce qui est
bon [1]. L'Esprit divin qui, quoique résidant
dans l'Église, n'en est pas le captif, distribue ces
dons à chacun comme il lui plaît [2]. »

7. L'Église est la voix *extérieure* de Dieu ; la
voix *intérieure* de Dieu est la conscience. Prenant l'Église pour *régulatrice* de la foi, nous
prenons la Conscience pour *inspiratrice* du savoir ; et c'est alors de la conscience que nous
tirerons ici tous nos principes et nos raison-
nements. Afin de procéder avec méthode et
clarté dans ce travail, nous le diviserons en
trois chapitres, et nous nous occuperons : dans
le premier, de définir et de circonscrire en quelques mots le dogme eucharistique ; dans le second, d'exposer les principales explications *artificielles* qu'on en a proposées jusqu'à ce jour ;
et dans le troisième, enfin, d'en exposer la seule

---

[1] I Thessal. V, 19-20-21.
[2] I Cor. XII, 11.

explication qui, suivant nous, puisse être réputée
réelle et *rationnelle* tout ensemble, et qui se tire
de la source même du véritable savoir ou de la
conscience.

CHAPITRE PREMIER.

Exposition sommaire du dogme Eucharistique.

8. L'espèce de monographie que nous allons
tracer du dogme eucharistique, dès lors que nous
voulons le considérer au seul point de vue de sa
rationalité, n'exige aucunement que nous fassions
ici l'histoire complète de ce dogme depuis la
naissance de l'Église *chrétienne* jusqu'à notre
temps, mais seulement que, l'acceptant tel que
cette Église l'entend ou le propose à la foi des fi-
dèles, nous examinions si, dans cet état, il est
ou n'est point pleinement conforme à la raison.
D'ailleurs, l'Église *catholique*, qui forme comme
le tronc principal de la Société chrétienne en général, n'admet pas que la vraie foi change et
se développe à travers les siècles, si ce n'est
dans la manière de l'exprimer ou de la définir

avec plus ou moins de rigueur ou de netteté phi-
losophique ; et les Églises *dissidentes*, dont la foi
diffère en tant d'autres points de celle de l'Église
catholique, ne semblent pas néanmoins être en
cela d'un autre avis, ou bien être moins disposées
qu'elle à dénier aux hommes héritiers de la foi
la faculté de développer ou d'étendre à leur gré
l'enseignement religieux ; car, dans toutes leurs
protestations contre l'Église catholique, elles ne
se sont jamais autorisées du besoin d'opérer ce
perfectionnement qu'elle n'opérait point, mais
seulement de la nécessité de revenir aux pures
et saines traditions de l'antiquité qu'elle aurait
insciemment ou sciemment abandonnées.

C'est justement, comme on sait, l'explosion
de ce sentiment de restauration ou d'épuration
religieuse qui donna lieu, vers le milieu de la
première moitié du xvi° siècle, à la Réforme : les
Protestants d'alors n'avaient tous qu'une voix pour
proclamer l'envahissement des erreurs ou de la
superstition aux dépens des anciennes croyances.
Et, contre cet immense soulèvement, que fit
l'Église catholique ? Renonça-t-elle à ses maximes
traditionnelles ? Pas le moins du monde. Elle fit

ce qu'elle avait toujours fait : elle tâcha de mieux formuler son enseignement ; elle le fixa par des définitions plus exactes ou plus claires, et prouva de nouveau par là qu'elle était plus fidèle ou plus tenace à conserver intact le dépôt sacré de la foi que ne le supposaient ses adversaires. Dans ces temps de lutte et de liberté, chacun dit enfin au monde ses dernières pensées ; et l'on sut tout ce que l'Église catholique exigeait, tout ce que lui déniaient les Églises réformées : pour ne laisser subsister aucun doute à cet égard, on s'empressa partout de dresser des symboles. Ces symboles seront aussi maintenant notre point de départ ; et c'est par eux que nous nous orienterons sur l'enseignement chrétien eucharistique. Naturellement, l'Église catholique se place ici, comme la plus ancienne, au premier rang, mais nous ne l'entendrons pas seule ; nous mettrons en regard de sa croyance les croyances des Églises réformées, et d'un seul coup nous apprendrons à connaître ainsi combien le dogme eucharistique, nettement formulé, soulève de difficultés et comprend de questions ou d'énigmes.

9. Toutes les Églises chrétiennes sont d'abord unanimes à reconnaître, pour l'opération du sacrement eucharistique, les mêmes conditions préliminaires, qui sont, d'une part, l'*existence d'un pain et d'un vin matériels* servant d'objet préalable et de matière visible au sacrement; d'autre part, l'*existence d'un homme-Dieu* lui servant, par son corps et son sang, de matière ou d'objet invisible. Mais, comme il n'entre point dans le sentiment de l'Église catholique d'admettre qu'un Dieu puisse s'arrêter dans ses actes ou ses institutions à des demi-mesures, elle s'empresse d'ajouter à cela: non-seulement que là, toutes les fois que le sacrement s'opère, le divin Médiateur intervient réellement en esprit et corps tout à la fois, mais encore qu'il s'y substitue réellement au pain et au vin offerts ou consacrés, dont la *substance* évanouie fait place à la *sienne*; que, cependant, les *espèces* ou les apparences du pain et du vin ne s'annulant point en même temps que leur *substance*, le divin Médiateur subsiste ou continue d'exister sous ces espèces ou apparences comme sous un habit étranger; et qu'enfin, autant il existe d'espèces ou d'apparences distinctes dans l'espace ou le temps,

autant de fois se répète ou se multiplie sous elles la présence réelle du divin Médiateur qu'elles recouvrent. D'après cette notion catholique du dogme eucharistique, une sorte d'*harmonie préétablie* semble régner, par le seul effet de l'institution ou de l'opération du sacrement, entre sa *condition invisible* ou le divin Médiateur et sa *condition visible* ou les espèces ou apparences; et la possibilité d'une indéfinie multiplication d'espèces implique déjà parallèlement l'égale possibilité d'une indéfinie présence réelle du divin Médiateur en plusieurs lieux: première assertion bien téméraire aux yeux de la Raison. Mais, quand la même doctrine nous représente en outre une substance — telle que la divine Humanité — se manifestant sous des espèces ou des apparences qui ne sont pas les siennes, ou ces mêmes espèces ou apparences, indépendantes et séparées de leur propre substance, elle étonne bien encore autant la Raison; et quand, comme pour consommer tous ces nœuds en apparence inextricables, elle s'avance jusqu'à prétendre enfin que la substance du pain et du vin ou de la matière visible s'évanouit ou cesse d'être devant une autre qui la remplace et s'en approprie tous les rôles, bien qu'elle en diffère d'ailleurs autant que le ciel est éloigné de la terre, cette fois la hardiesse du langage semble excéder visiblement les bornes du possible, et, si la Raison ne se révolte point immédiatement contre tant d'assertions inouïes, elle ne s'en abstient évidemment que par respect pour la Révélation qui l'instruit, ou par admiration même pour l'enchaînement avec lequel toutes ces assertions découlent rigoureusement l'une de l'autre. Car, si par hypothèse l'être peut s'annuler quelque part, pourquoi ne pourait-on inversement y supposer l'imaginaire devenu réel à son tour? Et si, d'une part l'espace se vide d'être, pourquoi ne dirait-on point d'autre part l'Être annulant l'espace ou se multipliant avec lui? La doctrine catholique sur l'Eucharistie n'est donc point exempte de difficultés, elle en fourmille plutôt; mais, au moins, elle est suivie, logique, conséquente; et si elle est vraie sur un point elle peut l'être en tous. En elle, le nœud principal est constitué par la notion ou l'idée d'un changement de substance; et cette notion en est aussi le trait caractéristique ou distinctif: pour s'en mieux assurer l'avantage exclusif, l'Église catholique a voulu

l'exprimer par un mot nouveau, de son invention:
elle a nommé *transsubstantiation* la substitution
de l'absolue réalité du divin Médiateur à l'absolue
réalité du pain et du vin servant de matière préparatoire au *sacrement*. C'est pourquoi, si nous
voulons après cela le définir en termes aussi
simples qu'expressifs, nous le pouvons faire en
disant qu'*il consiste* (au sens catholique et
moyennant la substitution énoncée tout à l'heure
d'absolu à absolu ou de substance à substance)
en corps sans pain et sang sans vin.

10. Parmi les symboles éclos au xvie siècle, trois
surtout se firent remarquer autant par leur propre
contrariété que par leur opposition au dogme
catholique: ces trois symboles furent ceux de
Luther, de Zwingle, et de Calvin[1]. Luther, le premier de ces libres-penseurs apparu sur la scène
ou du moins le premier en évidence, ne crut pas

---

[1] On peut accepter avec confiance notre exposition de la doctrine de ces trois apôtres de la Réforme ; car elle est celle
qu'en donnent les théologiens protestants eux-mêmes. Voyez
Literarischer Centralblatt für Deutschland, Jahrgang 1863,
n° 49, S. 1157.

excéder en admettant, avec la présence réelle de
J.-C. dans l'Eucharistie, la possibilité de sa présence simultanée dans plusieurs lieux; il n'osa
point seulement aller jusqu'à professer avec
l'Église catholique la possibilité d'un changement
absolu de substance; et comprenant alors que
s'il se retranchait sur ce point il évitait du même
coup d'avoir à rendre compte de l'existence d'accidents sans substance, il avança sans plus hési-
ter que, dans l'Eucharistie, l'Humanité de J.-C.
ne prend pas la place du pain ou du vin, mais
qu'elle y mêle plutôt sa substance à ces matières,
et qu'elle y réalise par là même ce que, depuis
ce réformateur, on a nommé *impanation* ou *consubstantiation*. En conséquence, non plus un
corps sans pain ni du sang sans vin, mais *un
corps dans du pain et du sang dans du vin*, tel
est en deux mots le système de Luther.

Introduisant ce système, Luther ne laissait
plus subsister, comme nous l'avons déjà dit,
qu'une partie des difficultés suscitées par le
dogme catholique; mais est-ce que du même coup
il n'en suscitait point lui-même de nouvelles? Et
n'est-ce point, en effet, un nouveau mystère que

la coexistence de deux substances opposées sans altération ni gêne réciproques?.. On sait qu'aucun philosophe n'a jamais sans appréhension abordé le grand problème de l'union de l'âme et du corps, ces deux substances présupposées contraires et pourtant si conformes, ou bien présupposées conformes et pourtant si contraires ; — car leur entière irréductibilité n'est point encore démontrée, tant qu'il n'est point prouvé que, l'âme étant une monade, le corps n'est point lui-même un ensemble de pareilles monades. — Combien, alors, ne doit-on pas à plus forte raison redouter d'avoir à concilier entre elles les deux substances de l'Humanité de J.-C. et du pain ou du vin, et de falloir, ou les mêler confusément, quoique respectivement impénétrables, ou les maintenir intactes et pures, quoique coexistantes et fondues ensemble? Pourquoi requérir, par exemple, l'existence du pain et du vin, si l'Humanité présente n'en doit retirer aucun profit? Et quelle nécessité d'injecter cette même Humanité dans la masse du pain ou du vin, si l'on ne croit point qu'elle ait besoin d'être panifiée ou vinifiée pour devenir mangeable ou potable?.. D'ailleurs, si nous voulons bien revenir un

moment sur la question de la coexistence ou de
la pénétrabilité des substances, nous ne tarderons
pas à reconnaître que cette question est bien plus
profonde ou plus mystérieuse qu'on ne le soup-
çonnerait de prime abord. En effet, de l'eau et
du vin mêlés ne se pénètrent point encore pour
cela, ce mélange suppose une division de parties
ou solution de continuité des deux côtés, mais
il n'entraîne ni ne suppose aucune fusion ou
confusion de substance. Pour trouver un cas de
cette dernière espèce, il faut considérer deux
choses spécifiquement distinctes mais foncièrement
identiques, telles que les deux électricités *positive*
et *négative*. Arrive-t-il alors que ces deux électricités se rencontrent : elles ne se mêlent plus
mais se pénètrent réellement; et le produit de leur
réunion est une électricité *neutre*, d'où les deux
électricités positive et négative ont disparu totale-
ment. De quelle manière veut-on, maintenant,
que les deux substances du pain et du vin, d'une
part, et de l'Humanité de J.-C., de l'autre, s'unissent? Est-ce en guise de *mélange*? quelle horreur!
J.-C. et le pain ou le vin mêlés, comme le seraient,
par exemple, du vin et de l'eau: c'est révoltant

à penser ou à dire. Nous devons rejeter ce premier avis. Est-ce au contraire par manière de *pénétration* que l'Humanité de J.-C. et le pain ou le vin s'unissent? Dans ce cas, nous n'aurions plus, d'après ce que nous avons déjà dit, ni corps ni pain, ou ni sang ni vin; et nous serions en même temps incapables d'indiquer ce qui se substitue en leur place, substitution par conséquent bien plus mystérieuse que celle par laquelle le Corps tiendrait la place du pain, et le Sang la place du vin. Donc, en définitive, dans la doctrine de Luther, les difficultés croissent au lieu de disparaître; elles s'y surchargent même d'aspects hideux ou dégoûtants que la doctrine catholique n'offrait pas; et par conséquent, pour se rapprocher de la saine raison, il n'est nullement opportun de recourir au système luthérien, qui l'offense encore plus et choque ou révolte même le sens.

11. Après (sinon avant) Luther, parut Zwingle, qui prit une route contraire. Luther avait admis double substance, et *corps et pain* et *sang et vin*; Zwingle, faisant un retour vers le système catholique mais voulant être exclusif à sa manière,

dit: *pain sans corps et vin sans sang*. Et qu'était alors, pour ce dernier, le mystère eucharistique? Rien du tout, si ce n'est une *image* ou *figure* d'union morale, de charité, d'amour. A ce point de vue, J.-C. rompant le pain et le donnant à manger à ses apôtres voulut seulement leur montrer par là que comme le pain s'unissait à leur corps ainsi son esprit s'unissait à leurs âmes. Mais l'Eucharistie n'étant plus alors qu'un emblème, il ne reste plus de mystère; et, le mystère disparaissant, avec lui s'évanouit aussi toute grâce, toute vertu surnaturelle et divine. Luther nous avait jetés dans la matière; Zwingle nous rejette à son tour dans le vide. Cette dernière opinion nous pourrait-elle, maintenant, mieux convenir que la précédente? Elle n'y saurait prétendre. Pour nous, toute discussion est comme une lutte d'honneur ; et, comme il est à peu près évident que tout dogme religieux doit contenir du surnaturel ou n'est rien, il nous paraît aussi vain de combattre ou de soutenir cette opinion, que de courir contre des portes enfoncées, ou de se poster derrière elles.

12. Luther et Zwingle , en bons protestants, ont nié de concert la *transsubstantiation*; mais cette *conformité* préalable d'opinion, exclusivement dirigée contre le dogme catholique, n'eut plus par là même de raison d'être quand il s'agit de substituer quelque chose de *positif* à l'enseignement catholique; et chacun de ces deux novateurs, se posant alors en chef de secte, émit son opinion particulière : Luther, qui maintenait le dogme de la présence réelle, se déclarant pour la *consubstantiation*, et Zwingle, qui la niait, se déclarant pour le *mythe.* Calvin, qui n'aspirait pas moins que les deux précédents novateurs à l'originalité, devait se trouver naturellement très-embarrassé pour éviter, après le rejet du dogme catholique, d'embrasser l'une ou l'autre opinion Zwinglienne ou Luthérienne, car il ne semble pas possible, au sujet de la *présence réelle,* de biaiser entre le *oui* et le *non*, et par conséquent de ne pas suivre Zwingle si l'on se sépare de Luther, ou de ne pas se conformer à Luther si l'on condamne Zwingle. Néanmoins, Calvin, ne se découragea pas; et, pour rester indépendant, il imagina l'expédient de l'homme à deux faces qui s'accom-

mode aux circonstances et se montre ce qu'il veut paraître, blanc ou noir à sa guise. Ainsi, Zwingle niant la présence réelle se trompait, au dire de Calvin, qui contre lui l'affirmait; mais Luther affirmant la présence réelle avait tort encore, au dire de Calvin qui, cette fois, la niait. L'habileté de Calvin consiste donc à dire tour à tour le *oui* et le *non* sur la même question; et, pour masquer un tel jeu fort peu recommandable en lui-même, voici la distinction qu'il émit et qui lui valut beaucoup d'adeptes. Dans l'Humanité du divin Médiateur, dit-il, il n'y a pas une seule chose mais deux, savoir [1] : l'*essence* et la *force*; c'est ainsi, par

---

[1] Il ne faudrait pas confondre la distinction entre l'*essence* et la *force* avec celle entre la *substance* et l'*accident*. L'essence est assez bien identifiable avec la substance ; mais la force et l'accident sont loin de signifier la même chose. La *force* est une *qualité* de tout être actif isolément envisagé. L'*accident* suppose au contraire, en dehors d'un être actif déjà réel, d'autres êtres actifs réels aussi, qui, l'attaquant, produisent en lui l'accident sans multiplication d'*être*, mais seulement d'*action*. La base plus prochaine de l'accident n'est alors aucun des êtres concourants mais leur *ensemble formel*; d'où il résulte que l'effet produit subsiste pour ainsi dire en l'air et comme imaginaire. Ainsi, *Sens* = 1^t est comme imaginaire par rapport à *Sens* = 1^3.

exemple, que dans un corps quelconque il y a l'*essence* matérielle et la *force* d'attraction qu'il exerce ou reçoit à distance, comme le croient les Newtoniens. Tout le monde admet bien, maintenant, que cette essence et cette force sont deux choses *distinctes*; mais on est loin d'admettre qu'elles soient jamais *séparées* ni *séparables*, et voilà ce qu'osa dire Calvin: il admit que, dans l'Humanité de J.-C. la *force* est séparable de l'*essence*; et, disloquant ainsi ce que nous osons à peine distinguer, il dit à Zwingle; « Tu es un idéaliste; il y a dans l'Eucharistie plus qu'un mythe, car il y a toute la force ou toute la vertu de J.-C. »; il dit à Luther: « Tu es un matérialiste, il n'y a point dans l'Eucharistie la réalité corporelle du divin Médiateur, puisque l'essence ou la substance n'y est pas». Le mérite de cette distinction calviniste est-il actuellement bien grand? Nous ne le pensons pas, car nous ne croyons aucunement à la possibilité de jamais séparer un être de ses états, ni l'essence de la force. Voilà, par exemple, une pierre qu'on lance avec une telle vitesse qu'elle serait capable de tuer un homme, si elle le rencontrait: ne le rencontrant point, elle ne le tue pas. «Mais non, dira Calvin, vous ne remarquez pas que la force dont est douée cette pierre n'en est pas inséparable, et, s'il arrive qu'elle s'en sépare, vous aurez beau dire: étant à l'abri de l'essence, je n'endurerai pas le coup; la force voltigeant hors de l'essence pourra bien vous atteindre et vous n'en mourrez pas moins.» Il est heureux que cette physique ne soit pas encore passée, des livres, dans la nature: elle serait trop commode aux malfaiteurs et aux sorciers, dont elle consacrerait la science et couvrirait tous les crimes. Ne poussant pas la crédulité jusque-là, nous renonçons donc à défendre ici la doctrine sacramentaire de Calvin.

13. La doctrine eucharistique de Calvin ne nous plaît pas, parce qu'elle est évidemment insoutenable; nous abandonnons la doctrine eucharistique de Luther, parce qu'elle est à la fois trop répugnante et trop grossière; nous ne voulons pas davantage de la doctrine eucharistique de Zwingle, parce qu'elle fait trop *table rase* du mystère et ne nous laisse point de nœud à dénouer:

nous sommes donc réduit à discuter la doctrine catholique.

La doctrine catholique de l'Eucharistie n'est point assurément, comme nous l'avons déjà dit (§ 9), exempte de difficultés, car elle implique plusieurs possibilités de prime abord assez douteuses, commes celles : 1° du *changement de substance*, 2° d'*accidents sans substance*, 3° de la *présence réelle et simultanée d'un être en plusieurs lieux*. Mais ces difficultés-là ne nous rebutent point et provoquent plutôt notre curiosité, parce que, en nous étonnant, elles restent plausibles ou ne révoltent point trop notre raison ni notre goût. Nous y voyons, en un mot, une matière féconde en discussion, mais non une pure chimère, un songe creux, un conte bleu. La vraie religion, qui repousse, autant que la vraie raison, les absurdités, n'exclut point, autant qu'elle, les ténèbres, et s'enveloppe souvent volontiers de difficultés ou de mystères.

Et pour nous convaincre que la doctrine catholique n'est pas indigne d'examen, il nous suffit d'un coup d'œil jeté rapidement sur chacun de ces articles. Par exemple, est-ce qu'il est évidem-

ment absurde d'admettre la possibilité d'un *changement de substance*, ou mieux *de la substitution
d'une substance à une autre*? Non, certaine-
ment, car un très-grand nombre de philosophes
et de savants de grand renom ont admis la création, et, si la création est possible, il est bien
évident qu'il doit être possible de mettre à la place
d'une substance enlevée toute autre substance
qu'on voudra. Puis, répugne-t-il d'admettre la
possibilité *d'accidents sans substance*? Nullement; car, quand, regardant de loin une tour
carrée qui paraît ronde, on découvre, en s'avan-
çant peu à peu, son erreur et change d'opinion,
nul changement *réel* ne s'est opéré dans le monde
réel tant interne qu'externe; et ce qui pour lors
a changé, c'est seulement la *distance* de l'observateur à l'objet observé. Mais cette distance est
bien une chose d'ordre purement idéal, objectif,
imaginaire. Il y a donc des formes ou des accidents avec fond simplement imaginaire, ou bien
sans fond réel ou sans substance; et sur ce second
point la doctrine catholique n'est pas plus con-
damnable *à priori* que sur le précédent. Enfin,
la doctrine de la *multilocation* répugne assuré-

ment un peu ; mais cette répugnance est-elle en
nous un effet des préjugés ou de la Raison? C'est
ce qu'il s'agit d'examiner attentivement; et si l'on
y réfléchit bien, on entrevoit aisément que cet
étonnement peut bien ne provenir que de nos
seuls préjugés contractés par habitude. Car qui
nie la réalité de la vitesse? Personne. Or la vitesse, c'est une intensité de mouvement d'après
laquelle un seul et même être est en état de par-
courir, dans une *unité* de temps, par exemple,
vingt, *cent*, *mille*... mètres. Mais si, par
hypothèse, un seul et même être *parcourt à la
fois* une *série* de positions ou de longueurs élémentaires, il *est à la fois* évidemment présent à
chacune de ces positions ou longueurs consécutives et distinctes. Il est donc impossible de
concevoir la vitesse sans impliquer la multilocation de l'être et de la force réunis; et, puisque
la multilocation est une idée nécessaire, elle n'est
rien d'absurde ou d'impossible en soi. La doctrine
catholique étonnant la Raison sans la bouleverser
ni la détruire, n'est donc point indigne d'un examen sérieux, et c'est alors à la bien pénétrer ou
comprendre que nous devons mettre tous nos

soins. Du reste, nous ne sommes point le premier
à nous consacrer à cette œuvre; et, comme nous
l'avons promis, nous exposerons, avant notre explication, celle des autres.

CHAPITRE II.

Explications artificielles de l'Eucharistie.

14. Nous nommons *artificielles* toutes les explications du dogme eucharistique émises jusqu'à
ce jour par les philosophes ou les théologiens,
parce que dans ces essais on s'est moins proposé
de résoudre à fond le mystère, que d'imaginer
certains aperçus rationnels suffisant à démontrer
que, quelle que soit la manière dont les choses
se passent en secret, on n'a plus de raison de les
nier absolument, quand hypothétiquement on
peut déjà sans contradiction en rendre compte.
Parmi ces essais, nous en distinguons trois prin-
cipaux, qui sont les trois hypothèses de Varignon,
de Descartes, et de l'abbé de Lignac.
L'hypothèse de Varignon nous semble devoir

être mentionnée la première, parce qu'elle est seule propre à résoudre la première difficulté tirée du *changement de substance*. Dans sa théorie, Varignon n'a, pas plus que Descartes ou de Lignac dans la leur, prétendu dire comment les choses se passent en réalité, mais seulement admis ou supposé que, si la réflexion suggère à l'homme un moyen de concevoir rationnellement le mystère, Dieu doit évidemment avoir dans sa puissance une foule d'autres et meilleurs moyens de parvenir directement au même but. L'immédiat et principal objet de sa préoccupation, encore une fois, n'a donc point été l'explication de la réalité des choses, mais seulement la conciliation de la Raison avec la doctrine orthodoxe ; et, partant de ce point de vue particulier qu'il ne faut pas oublier, il a dit[1] : Il y a deux choses que la Raison admet tous les jours sans peine, savoir: 1° que l'*identité* des *Corps* résulte, non de celle de leurs *éléments*, mais seulement de celle de l'*âme* et de son *mode d'information* ; 2° que les substances changent de *nature* en même temps ·

---

[1] *Recueil de pièces fugitives par le P. Malebranche, M. de Varignon et autres auteurs célèbres*, pp. 8-23.

qu'elles changent de *règne* naturel. En effet, si l'on se considère d'abord à l'âge d'un mois ou de vingt ans, on ne laisse point de s'attribuer le même corps, malgré qu'on l'ait alors de masse et de grandeur très-différentes. Et puis, si l'on considère les divers éléments qu'on emploie comme aliments, aux deux états minéral ou végétal et animal, on ne leur reconnaît plus les mêmes propriétés et on les répute alors dénaturés, ou transformés dans leur fond, suivant qu'ils sont amenés ou transférés, sous l'action ⸗ la vie, d'un *règne* à l'autre. Imaginons, après cela, que l'*âme* du divin Médiateur, au moment de la consécration, s'unit hypostatiquement aux *éléments* du pain et du vin et les *conforme* à son organisme préexistant, à peu près comme nous nous approprions tous les jours nos aliments: tous ces éléments *un à un* n'auront point par là même, alors, seulement changé de nature ou d'essence; ils seront encore devenus partie intégrante de l'incarnation du Verbe, ou, ce qui revient au même, ils se seront convertis en son corps et en son sang. Le dogme catholique de la *transsubstantiation* n'a donc rien en lui-même, concluait Varignon, qui répugne à la Raison.

L'hypothèse de Descartes visait à tourner la seconde difficulté tirée de l'existence d'*accidents sans substance*. Ce savant immortel, dont les erreurs mêmes ne sont souvent qu'une vérité mal comprise ou mal exprimée, ne disconvenait point de l'impossibilité prétendue d'accidents sans substance [1] ; mais est-ce que, disait-il, le pain et le vin ne renferment point, outre ce qui les constitue chimiquement du pain ou du vin, d'autres substances telles que de la poussière, de l'eau, de l'air, etc., dont la consécration n'implique point par elle-même la destruction? Ces subtances-ci, constamment, mais pourtant accidentellement aussi, mêlées au pain et au vin sacramentels, peuvent alors servir de *substratum* aux espèces ou apparences du pain et du vin anéantis, et, quand ces derniers éléments ont disparu, les représenter comme s'ils existaient encore. Alors, il est toujours

---

[1] Voyez les réponses de Descartes aux 4mes objections, où ce savant fait pourtant ses réserves en ces termes : *Ex eo quòd dixerim modos absque aliquá substantiá cui insint non posse intelligi, non debet inferri me negasse illos absque ipsá per divinam potentiam poni posse, quia plane affirmo et credo Deum multa posse efficere quæ nos intelligere non possumus.*

bien vrai de dire que nul accident n'existe sans substance; mais la substance qu'on leur attribue cette fois n'est plus celle qu'on a coutume de leur attribuer; et finalement la nécessité prétendue d'attribuer une substance aux accidents n'est plus une raison de nier la doctrine catholique de l'eucharistie, qui ne la combat en aucune façon.

La troisième difficulté tirée de l'apparente impossibilité de concevoir *un même corps présent à plusieurs lieux à la fois*, trouve sa réponse dans l'hypothèse de l'abbé de Lignac. Quand il serait vrai de dire, disait ce dernier [1], qu'un corps humain est réduit par l'abstinence ou les maladies a n'avoir plus qu'un dixième de son volume ou de sa masse, en serait-il moins, formellement, le même corps ? Non assurément. Mais une fois cela reconnu, puisque la matière est divisible à l'infini, nous pouvons continuer à raisonner de la même manière et réputer identique le dixième du corps précédent diminué lui-même de neuf dixièmes, c'est-à-dire le centième de ce corps,

---

[1] *Présence corporelle de l'homme en plusieurs lieux, prouvée possible par les principes de la saine philosophie. Lettres 3, 4 et 5.*

puis encore le dixième de ce centième , ou le millième, etc. Cela posé, plus nous avançons dans cette décomposition, plus nous multiplions numériquement le même corps sans la moindre violation de son identité réelle, et la multiplication numérique va de pair avec la perpétuité de nature ou de substance. Qu'est-ce qui nous empêche alors de mettre en relation avec les différentes parties de l'espace les différentes positions numériques du même corps que nous venons d'apprendre à distinguer ? Est-ce que l'attraction et la même attraction absolue, par exemple, l'attraction solaire, ne change point ainsi de place ou de lieu d'application dans l'espace , à mesure qu'elle se décompose en décroissant en raison directe du carré des distances ?.. Le dogme de la présence réelle en plusieurs lieux à la fois n'est donc point incompatible avec l'unité d'être ou l'unité d'essence; et, par l'institution de ce dogme , aucune violence n'est faite à la raison.

15. On l'a sûrement compris : ces sortes de considérations sont moins des explications que des expédients imaginés pour l'indirecte justifi-

cation d'un dogme qu'on n'avait guère la préten-
tion de comprendre en lui-même. Et, sans doute,
elles sont bonnes, quand il s'agit de répondre
aux incrédules et de les réfuter avec leurs propres
armes; mais, aux yeux des croyants, elles sont
loin d'être recommandables : elles passeraient
plutôt pour une caricature du mystère, si l'on
pouvait tant soit peu présumer qu'elles eussent
été sérieusement proposées à leur adresse. Car
quel croyant a jamais admis, par exemple, que
le corps de J.-C. grossit ou diminue tous les
jours de la matière du pain et du vin ? Quel
croyant admettra jamais, de même, que ce corps
se dédouble ou se décompose indéfiniment dans
l'espace, ou bien encore qu'il existe entre J.-C.
et ses adorateurs ou communiants comme un mur
de poussière, d'air ou d'eau ,... qui les sépare?...
Au bout du compte, ces explications ou justifi-
cations du mystère eucharistique, au lieu de
tourner dans un certain sens à la gloire de leurs
auteurs ou du siècle qui les a vus naître, servent
plutôt à manifester l'étrange faiblesse ou peti-
tesse de l'esprit humain, quand il ose se mesurer
avec son Créateur ; car, après les avoir entendus,

on se dit involontairement : Est-ce donc là tout ce
qu'un Descartes, l'inventeur de la Géométrie ana-
lytique, un Varignon, membre des plus illustres
sociétés savantes de son temps,... ont pu décou-
vrir et proposer de meilleur, de plus sensé, de
plus profond ?... Nous avons longtemps tenu
pour suspecte la profondeur d'esprit des géomè-
tres et des physiciens ; mais nous la croyions
encore plus grande qu'elle ne se démontre à cette
épreuve. Le Chrétien sincère, qui se contente
de dire dans sa simplicité : Dieu en sait plus que
l'homme, dit infiniment mieux en peu de mots,
et s'évite, d'ailleurs, du même coup une foule
de paroles inutiles et les plus étranges divaga-
tions.

CHAPITRE III.

Explication réelle et rationnelle du dogme Eucharistique.

16. Les auteurs qui se sont occupés avant
nous d'expliquer le mystère eucharistique, et dont
nous venons d'exposer les essais, nous font l'effet
d'un homme qui, muni d'une écuelle ou d'un

poëlon, se flatterait de tarir la mer ou de la changer de lit. Abordant chacun le mystère avec de
petites idées spéculatives ou pratiques emprun-
tées à la raison humaine naturelle, ils sont aussi
radicalement incapables de comprendre le plus
petit mystère, que nous le sommes tous d'embrasser le ciel entier d'un seul regard. Il faut évidemment, quand on aborde un sujet quelconque, être
en quelque sorte aussi grand que lui pour pouvoir l'embrasser dans son entier, ou bien avoir
une méthode au niveau des questions à résoudre;
et, si déjà nous ne nous croyions nous-même en
possession d'une pareille méthode, nous nous
garderions bien de venir imiter aujourd'hui les
précédents auteurs dans la tentative insensée
d'escalader les hauteurs infinies du ciel en en-
tassant — comme atome sur atome — Ossa sur
Pélion.

Notons d'abord qu'un mystère quelconque ne
saurait guère s'expliquer seul, et s'il s'agit surtout
(comme c'est le cas actuel) du dernier (en série)
des mystères, tout nous porte à présumer qu'on
ne saurait le comprendre ou pénétrer à fond, si
l'on n'a déjà l'intelligence de tous les autres prin-

cipaux mystères qu'il implique avant lui, comme l'*incarnation*, la *création*, la *Trinité*, etc. Ce n'est pas, en effet, d'en bas qu'on peut bien juger des hauteurs; et, pour bien juger d'un ensemble, il ne faut point de même se placer sur son contour, mais *au centre*. L'exactitude et la profondeur de la science dependent surtout du préalable éclaircissement complet de la question des origines ou des principes. Possède-t-on bien une fois cette question des origines : le fil de la pensée se déroule ensuite, pour ainsi dire, de lui-même avec celui des événements; et la raison ne se sépare plus dès-lors — à moins de rupture d'une ou d'autre part — de la nature, parce que, s'inspirant à la même source qu'elle, elle y trouve ou puise, pour la refléter, le même élan ou la même puissance de développement qu'elle met à la prévenir.

La source de toutes choses, — idées ou réalités, puissances ou possibilités, — est maintenant, au physique aussi bien qu'au moral, la Conscience. Que serait un être, dont aucun être — lui compris — n'aurait la connaissance? Et que seraient pareillement toutes les formes d'un être ou des êtres en général, si par hasard elles ne trouvaient écho nulle part, et passaient inaperçues devant la conscience?... La Conscience, nous ne l'ignorons pas, se distingue de l'être, et peut être définie: le *rapport de l'être à lui-même.* Mais de cette définition même ne résulte-t-il pas qu'alors, comme il n'y a point de conscience sans être, il ne saurait pas davantage y avoir d'être réel sans conscience actuelle, d'être imaginaire sans conscience possible, d'être — en un mot — d'aucune sorte sans conscience corrélative, et qu'en définitive les variétés de l'être sont ainsi les variétés de la Conscience elle même?... Dire donc l'être ou la conscience, c'est nommer en principe la même chose; c'est remonter à l'Absolu radical et le déterminer par cette identité même. Au principe des choses, sinon postérieurement et toujours, l'être et la conscience ne se discernent point; et de là vient que, se déroulant plus tard, l'un sous la forme de nature, et l'autre sous la forme de raison, ils se correspondent ou peuvent se correspondre toujours comme modèle et copie.

17. Sachant que, suivre la conscience dans ses *transformations, limitations, révolutions,* ou *va-*

riations de tou e espèce, c'est suivre l'être passant par ces mêmes états, nous n'avons pas de peine à comprendre déjà que la première chose que nous avons à faire en ce moment est d'examiner: d'abord comment la Conscience *se transforme* universellement et sans fin; puis, comment elle *se limite* dans l'espace, en s'illuminant d'une part et s'obscurcissant de l'autre; puis encore, comment elle *se déroule* dans le temps par accroissement ou décroissement successifs; et enfin, comment elle *se fixe* définitivement, en contractant autant de *positions* qu'il y a d'êtres particuliers distincts, ou bien autant de *formes* qu'il y a de modes d'être. Mais, puisqu'en tout cela la Conscience, d'abord une ou simple, est censée s'épanouir ou se développer, elle doit ressembler aux nombres sortant de l'unité radicale. Nous ne devons donc pas trouver étrange qu'elle se compose en elle-même ou *se triple*, avant de *se multiplier* au dehors; ni qu'elle se multiplie de même au dehors avant de *se dérouler*, ou de prendre rang dans le temps; ni qu'elle s'objective enfin à la fois dans l'espace et le temps, avant de revêtir plus tard toute sorte de *formes factices* imaginables, sous

lesquelles, cessant de jouer un rôle actuel ou réel,
elle ne remplit plus qu'un rôle passif et apparent,
pure représentation objective ou figurée de celui-là.
Cette dernière transition du réel à l'apparent a sa
raison d'être dans les conditions intrinsèques de
toute activité réelle essentiellement avide, quand
elle est intelligente et spirituelle, de fictions dra-
matiques ou de rôles empruntés, signifiant beaucoup et n'engageant rien. C'est ainsi, par exemple,
que les rois aiment à voyager *incognito* pour
s'amuser plus à plaisir, et que les sujets se plai-
sent à leur tour à figurer commme rois sur les
théâtres ou dans les fêtes. Cette tendance inces-
sante à changer momentanément d'état n'est point,
chez l'homme, un simple effet de son inconstance
ou de sa vanité; car quoique ces défauts s'y mêlent
assez souvent, elle n'en est pas inséparable et
nous atteint trop généralement pour n'avoir pas
ses racines dans notre nature, et — puisque notre
nature ne s'est pas faite elle même — dans les
suprêmes conditions de toutes les existences absolues terrestres et célestes ou successives et
simultanées. Plus on remonte, en effet, vers les
origines ou principes de l'être, plus on le voit se

dépouiller sans doute de déterminations accidentelles et variables ; mais, en même temps que le
fond se généralise ou s'épure, il reproduit ou con-
tient presque toujours — sous les modifications
obligées — les mêmes opérations, tendances ou
volontés, et la différence des êtres supérieurs aux
inférieurs se tire de l'inégalité des proportions,
et non d'une radicale incompatibilité de fonctions.
Les mêmes opérations fondamentales se reprodui-
sant alors dans tous les ordres d'êtres, nous devons ajouter, pour compléter ce premier aperçu,
qu'elles se reproduisent encore, dans chaque ordre
donné d'êtres, sans distinction de ressort, ou bien
aussi rigoureusement dans le ressort des fictions
ou de l'imaginaire que dans celui de la nature
physique ou du réel ; car on ne peut aucunement
s'empêcher de se représenter le réel et l'imaginaire
comme essentiellement corrélatifs et calqués l'un
sur l'autre. Que serait le réel s'il n'était le *fond* de
l'imaginaire ? Et que serait de même l'imaginaire,
s'il n'était inversement une fidèle représentation
antérieure ou postérieure, mais toujours *fictive*,
du réel ? Quand donc les activités s'élancent dans
le champ des fictions, elles offrent simplement

travesties les mêmes opérations qu'elles ont déjà
pratiquées par hypothèse dans l'ordre du réel ; et
l'état fondamental de leur Conscience ne change
point pour cela : dans un cas seulement, elle se
contente de contempler imaginairement des changements ou rapports qu'elle subit ou ressent réellement dans l'autre.

18. Partant maintenant de cette idée que la
Conscience, fondement et principe ou fin de tout,
se prête à la distinction des deux vies *sérieuse et
pratique* ou *fictive et représentative*, on entrevoit déjà facilement dans quel sens nous pouvons
opposer au mystère de l'Eucharistie tous les autres
mystères ; car nous les opposons justement comme
figure et *réalité*, non en ce sens que la réalité serait
par hasard sans figure ou la figure sans réalité
(car, en principe, tout se concentre ou s'identi-
fie dans la Conscience, § 16), mais en ce sens que
la figure seule est plus spécialement ou la première en jeu, dans un cas, et la réalité, dans
l'autre. Les mystères que, à ce point de vue,
nous préposons au mystère de l'Eucharistie sont
au nombre de quatre ; et nous les nommons les

mystères de la Conscience, de la Trinité, de la
Création et de l'Incarnation. Parce que l'Eucharistie présuppose tous ces mystères, afin de pouvoir les représenter sur un théâtre nouveau,
vainement nous nous flatterions alors de l'expliquer
ou de la comprendre à fond, si d'avance nous n'a-
vions acquis l'intelligence de ces autres mystères
qu'elle implique ; par l'étude de ces autres mystères nous nous préparerons donc utilement
à l'entière résolution du mystère eucharistique.
Comme ils n'en sont toutefois qu'une condition préparatoire, nous ne nous étendrons pas
beaucoup sur eux ; et, le nécessaire une fois
dit à leur égard, nous reviendrons sur le mystère eucharistique, dont la solution ne tardera
plus à se révéler, comme celle d'une énigme dont
on aurait déjà trouvé le mot.

Pour pouvoir être clair et court au sujet des
quatre mystères présupposés par le mystère eucharistique, après en avoir donné sommairement
une *idée générale*, nous nous hâterons d'en faire
une double application *naturelle* ou *logique*,
qui montre immédiatement dans quel sens il faut
la prendre et quelle conséquence on en doit tirer.

Nous entendons ici par application *naturelle*
l'indication d'un *fait* admis, comparable à celui
qu'il s'agit d'expliquer ; et par application *logique*,
l'indication d'une *loi* connue, mais mal comprise
et trop restreinte ou trop généralisée, quand on
ne sait pas encore remonter à son principe.

DE LA CONSCIENCE.

19. Nous avons déjà (§ 16) défini la Conscience : *le rapport de l'être à lui-même*. Sans
rien changer au sens de cette définition, mais en
vue seulement de la présenter désormais sous
une forme mieux applicable ou plus utile, nous
la définirons de nouveau : *l'identité de l'être et
de l'activité*, ou bien encore *l'identité de l'absolu
et du relatif, l'identité du réel et de l'imaginaire*, toutes choses qui présentent au fond le
même sens. Évidemment, quand un être a la
conscience de lui-même, il est à la fois sujet
et objet, et sa conscience est ou implique en
lui l'identité de ces deux termes. Alors, l'objet
est-il le perçu, et le sujet le percevant : l'objet est
être, imaginaire, absolu, et le sujet est *activité*,

réel, *relatif*. Renverse-t-on au contraire le cas
ou suppose-t-on le sujet de tout à l'heure passant
à l'état d'objet : l'objet doit par là même passer
inversement à l'état de sujet et se comporter
comme actif, réel ou relatif, tandis que le sujet fait
fonction d'absolu, d'imaginaire ou d'être pur.

Afin de fixer d'un seul coup les idées sur toutes ces distinctions, prenons un exemple sensi-
blé et comparons la conscience, relativement
double, à cet instrument, un et complexe tout
ensemble, qu'on nomme une *paire de ciseaux*
ou *ciseaux* tout court. Des deux parties dont
se compose cet instrument, nous pouvons très-
bien supposer l'une *fixe* et l'autre *mobile* sur la
première : la fixe est alors une image de l'*être*
dans la définition de la conscience, et la mobile
est une image de l'*activité*; car rien n'empêche
de rapporter l'être à l'activité comme ce qui ne
change pas à ce qui change. Mais évidemment
encore, puisque l'instrument est un et que les
deux parties dont il se constitue ne tiennent pas
plus à lui l'une que l'autre, c'est bien arbitraire-
ment ou accidentellement que chacune de ces
parties est reconnue plutôt fixe que mobile, ou

mobile que fixe; ces deux parties peuvent donc échanger en lui de rôle; et , si cela est, l'Absolu devenant relatif a deux manières de fonctionner de la même manière , ou bien l'Absolu–radical devenant relatif comprend non seulement deux relatifs, mais deux Absolus-relatifs, ou deux Absolus de second ordre.

En peu de mots nous venons de donner une représentation sensible ou *naturelle* de la Conscience; indiquons-en maintenant, aussi succinctement s'il est possible , l'application *logique*. Toute définition logique se compose , comme on sait, de deux parties, qui sont le *genre prochain* et la *différence spécifique*, ou, plus simplement, le *genre* et l'*espèce*. Ces deux parties d'un seul tout et d'un même Être répondent alors aux deux ciseaux réunis dans l'instrument dont nous parlions tout à l'heure , et n'importe qu'on se sente enclin à placer parfois de préférence l'*activité* dans l'*espèce* et l'*être* dans le *genre*, d'autres fois on peut bien vouloir au contraire placer l'*activité* dans le *genre* et l'*être* dans l'*espèce* , sans impliquer par là même aucune variation intrinsèque dans l'Être absolu défini ; car l'alternation de rôle entre les parties n'ôte ni n'ajoute rien à leur somme, ni par conséquent à l'être qu'elle représente. Jusque-là, cependant, nous n'allons point au-delà des idées que nous voulions naguère rendre sensibles par la comparaison précédente; nous entrerons dans un nouvel ordre de considérations en faisant remarquer dans quelle grave erreur on tombe communément en admettant que, dans la définition logique, le sujet est invariablement identique à la complexion du *genre* et de l'*espèce* dont se constitue l'attribut, comme si, lorsqu'on définit l'*homme* un *animal raisonnable*, l'être de l'homme consistait réellement dans le genre et l'espèce exprimés. Si la réalité de l'homme lui venait du genre *animal* et de l'espèce *raisonnable*, elle serait de la même classe que celle de l'instrument à deux ciseaux dont nous parlions tout à l'heure; car, comme les deux ciseaux étant présupposés *réels* leur tout est simplement *formel*, la réalité présupposée du genre *animal* et de l'espèce *raisonnable* nous forcerait de tenir pour simplement *formel* aussi l'homme tirant de là tout son être. Or l'unité de la Conscience, en supposant que l'homme soit un être à conscience, ne comporte aucunement cette manière de voir. Cette fois, l'homme étant présupposé réel, le genre ni l'espèce ne peuvent plus l'être de même ou dans le même sens; et pour lors, l'homme étant *réel*, le genre et l'espèce sont *formels*, à peu près comme (inversement), dans l'objet de la comparaison précédente, l'instrument était formel et les deux ciseaux réels. Toute chose qu'on pose identique à une complexion est donc ou formelle ou réelle ; mais, de même qu'elle est formelle quand les éléments de la complexion sont réels, elle est réelle quand les éléments de la complexion sont formels. Que les deux éléments *animal* et *raisonnable* soient maintenant formels en nous, qui le niera, puisque nous ne les connaissons que par réflexion et sans même être bien sûrs de leur légitimité? Donc l'homme ou l'unité dans laquelle ils se confondent ne leur est aucunement redevable de sa réalité ; c'est-à-dire plus généralement, la réalité du sujet défini ne se trouve point dans le *genre* ni l'*espèce* composant l'attribut logique, et, si l'on ne laisse point de dire là la définition équivalente au défini, cette

équivalence n'exprime point une identité de position actuelle ou relative, mais seulement une
identité radicale de qualité, de nature ou de fond.

On ne saisit pas encore peut-être toute l'im-
portance de la distinction que nous venons d'établir, mais on n'en doutera plus si l'on daigne
remarquer qu'on peut tirer aussi bien le complexe
du simple que le simple du complexe. Il n'y a pas
plus de difficulté dans un cas que dans l'autre;
et là, la solution de l'énigme est toute dans l'activité. A-t-on une complexion donnée , disons
mieux , *deux* éléments de complexion : la complexion même ou mieux l'*unité* des deux en surgira par l'idée qui les compare ou le jugement
qui les unit. A-t-on au contraire une *seule* donnée
radicale : une *dualité* d'éléments en surgira , si
cette donnée radicale est censée toujours active:
car, active, elle comparera l'Un à lui-même ,
absolument comme elle s'emparait tout à l'heure
des deux éléments donnés , pour les comparer
l'un à l'autre; et la seule différence entre les deux
cas sera qu'elle aura, dans l'un une opposition
d'imaginaires dans une unité réelle, et dans l'autre
une opposition de réels dans une unité formelle.

L'instrument unique à deux ciseaux est un exemple de deux réels dans un formel , et l'homme égal au produit d'un genre et d'une espèce ou le sujet de la définition logique, est un exemple de deux formels dans un réel. Mais ce n'est pas tout: à la définition vulgaire de l'Homme formée du genre *animal* et de l'espèce *raisonnable*, substituons le genre *Sens* et l'espèce *rationnel*, qui conviennent mieux: l'idée complexe équivalente à l'idée simple d'Homme sera pour lors celle de *Sens rationnel*. Or, d'après ce que nous savons déjà, rien ne condamne perpétuellement une idée quelconque à fonctionner exclusivement d'une seule manière ; et, par suite , le genre et l'espèce de tout à l'heure peuvent bien alterner en relation imaginaire. En admettant alors que le *rationnel* devienne genre et le *Sens* espèce, nous aurons une conscience à *Raison sensible*, un être fait par conséquent comme à l'inverse de l'homme, c'est-à-dire , un ange. Voilà donc que notre remarque sur la définition logique a réellement beaucoup plus de portée qu'on ne pouvait le soupçonner de prime abord ; elle jette tout à coup une vive lumière sur la question des natures et découvre jusqu'à la profondeur de l'Être divin. Car, réunissons les deux genres de tout à l'heure, ou le Sens et la Raison, de manière qu'ils ne *se multiplient* plus, mais *se divisent comme* se tenant tête l'un à l'autre : alors, de leur opposition il résulte un nouveau genre, l'Esprit ; et cet Esprit comparable à ce que, en mécanique, on nomme *vitesse* et représente par la formule

$$V = \frac{E}{T} = \frac{T}{E} \text{ (quand } T = E),$$

ne se distingue pas de Dieu, parce que, s'il faut encore — pour le représenter — recourir à deux termes, ces deux termes sont cette fois : d'abord présupposés égaux entre eux, puis tous deux imaginaires quand il est conçu réel, comme l'exige la saine interprétation de la définition logique pour tous les êtres à conscience.

DE LA TRINITÉ.

20. Du mystère de la Conscience passons maintenant à celui de la Trinité. Nous définissons ce dernier : *la coexistence de trois individualités ou*

personnalités dans une seule essence ou nature; et nous arrivons à cette idée par l'explication déjà donnée du mystère précédent, ou de la Conscience.

Nous avons déjà dit que la Conscience absolue, réelle, a son expression ou sa représentation *formelle* dans la définition *logique*, qui pourtant peut encore valoir comme définition *réelle*, en ce qu'en face de la duplicité du formel elle suppose ou pose toujours l'unité du réel. Nous avons dit aussi qu'il y a deux manières d'exprimer formellement l'unité du réel, savoir : l'emploi de la *multiplication*, comme dans la formule (*a*) $E = VT = TV$; et l'emploi de la *division* comme dans la formule (*b*) $V = \dfrac{E}{T} = \dfrac{T}{E}$.

Les expressions de la forme (*a*) correspondent aux deux natures *angélique* ou *humaine*, et les expressions de la forme (*b*) correspondent à la nature *divine*, ou mieux aux individualités ou personnalités propres à cette dernière. Mais nous n'avons encore trouvé qu'*un* cas de cette seconde sorte, et c'est lorsque, cherchant à représenter l'Esprit qui est une des trois personnes divines, nous avons établi la formule de la vitesse (*b*)

$V = \frac{E}{T} = \frac{T}{E}$. Voulant actuellement déterminer le *second* cas et la seconde formule analogue à la précédente, nous n'avons pas beaucoup à faire pour cela ; car la Mécanique nous fournit d'elle-même la formule (b') $T = \frac{E}{V} = \frac{V}{E}$, qui correspond, d'une part, à la précédente, et peut servir, d'autre part, à représenter la seconde personne divine ou l'Intellect. Toute la difficulté se concentre donc dans la détermination du troisième cas ou la troisième formule propre à représenter le Sens. *A priori*, nous sommes induit à penser que cette troisième formule (b'') doit ressembler aux deux précédentes (b) et (b') ; mais la Mécanique, au lieu de se prêter immédiatement à cette idée, nous donne au contraire pour la représentation du Sens E, la formule $E = VT = TV$, qui rentre dans la classe des équations (a) nullement applicables en ce moment. Afin de trouver alors cette troisième formule sous sa véritable forme analogue aux formules (b) et (b') déjà connues, nous remarquerons d'abord qu'en principe et dans tous les cas où l'on cherche en Mécanique l'unité d'espace ou de Sens, on a, pour $T = I$, $E = V$; puis, que là E

sert à représenter la face *immanente* de la Conscience, et V la *variable*. Nous savons d'ailleurs,
en outre, que ces deux faces réunies sont le double
signe de l'*unité* réelle dans la définition logique
(§ 19). De là nous pouvons alors inférer immédiatement que E et V, déjà reconnus identiques
entre eux, sont aussi les deux faces d'une même
chose et ne sont point, à ce titre, incapables d'é-
changer entre eux de rôle en se cédant alternati-
vement les notes d'*immanence* ou de *variation*.
Mais cela posé, V vaut comme E, E vaut comme
V, et, dans tous les cas de cette sorte, E doit
avoir la même expression que V. Donc nous pouvons et nous devons avoir enfin, dans le genre des
formules (*b*) et *b'*): (*b''*) $E = \dfrac{T}{V} = \dfrac{V}{T}$.

Réunissons maintenant sous nos yeux les trois
formules de l'Esprit, de l'Intellect et du Sens :

$$(b'')\ E = \frac{T}{V} = \frac{V}{T}, \qquad (b')\ T = \frac{E}{V} = \frac{V}{E},$$

$$(b)\ V = \frac{E}{T} = \frac{T}{E}.$$

Puisque, d'après la nature ou le sens de la définition logique, les *premiers* membres ou les sujets

de ces trois expressions sont seuls *réels*, mais le sont tous les trois, nous avons en eux trois sujets réels. Or les mots *sujet réel, individualité, personne,* sont des mots signifiant évidemment la même chose. Il n'y a donc point, dans la Conscience absolue radicale, une seule personne comme il y a une seule nature; mais il y a, dans *une seule* nature, *trois* personnes. Et l'unité de nature se déduit là du caractère et de *l'uniformité* de constitution du second membre *imaginaire* et *double* tout ensemble; la triplicité de personnalité s'y tire, au contraire, des trois premiers membres, tous *réels*, égaux de position, et de plus imaginairement conformes, d'une part, comme équivalant, chacun, à deux termes, mais très-distincts aussi, d'autre part, comme ne se référant jamais aux mêmes deux.

Dans ce qui précède, la rationalité du mystère de la Trinité nous semble assez évidente pour que nous puissions passer de suite aux applications. Occupons-nous d'abord d'en montrer l'emploi dans un exemple sensible. Nous en trouvons un de cette nature dans la trinité domestique composée de l'*homme*, de la *femme* et de l'*enfant* (chez lequel la connaissance n'est pas encore assez développée pour qu'il ait conscience de la différence sexuelle des deux autres termes). Évidemment, là, les trois termes ont à la fois même nature, puisqu'ils impliquent imaginairement, chacun, deux facteurs tels que *Sens* et *Raison*. Mais impliquent-ils ces deux facteurs dans le même ordre, et les deux facteurs qu'ils impliquent sont-ils chaque fois les mêmes ? Non : l'*enfant*, par exemple, représente imaginairement hors de lui les mêmes éléments qu'il renferme en lui sous une forme qui n'est point la sienne, celle de puissance tantôt active, tantôt directrice, ou de père et de mère; et l'homme *père* représente également d'une tout autre manière chez la femme ou l'enfant, qu'en lui-même, la complexion humaine imaginaire ; et la représentation de cette même complexion prend encore une tout autre tournure chez la *femme* que chez l'homme et l'enfant. Mais, la complexion humaine changeant de forme ou d'éléments, la réalité doit changer, et la personnalité de même. L'homme, la femme et l'enfant ne peuvent donc être, quoique ayant absolument la même nature, une seule personne, et par conséquent ils sont trois personnes dans une même nature. Ils sont tels, par exemple, que les sujets E, T, V des équations (b''), (b') et ($b.$)

Nous venons de prouver par un exemple sensible que la Nature peut être un vaste théâtre d'application des formules (b) (b') et (b''); prouvons maintenant que la claire intelligence n'en est pas moins utile ou désirable en logique. En logique, il est souvent question de classer, de coordonner et de subordonner enser ble individualités, espèces et genre; et cet art des classifications y joue un si grand rôle qu'il y forme la base de la science même des définitions, sans laquelle il n'y a point de logique possible. Ce qui tout d'abord importe donc le plus en logique, c'est une exacte notion des individualités, des espèces et des genres. Cette exacte notion de la hiérarchie des actes absolus ou des êtres l'a-t-on maintenant communément, et l'a-t-on même eue jamais? Bien s'en faut; et nous en avons la preuve sous la main, soit dans l'immédiate opposition faussement établie de tout temps entre *substance* et *accident,* soit dans l'absurde définition, de là déduite partout, de la *substance.* Revenons un moment ici sur la comparaison naturelle dont nous faisions usage tout à l'heure. Qui s'est jamais imaginé, par exemple, que lorsque l'enfant se développe ou grandit, les accroissements de toute sorte auxquels il est sujet tombent sur sa nature, son fond ou sa substance ?.. Est-ce que l'homme, la femme et l'enfant ne sont point encore énormément dissemblables ? Et néanmoins qui s'abstient de leur attribuer, pour cela, même nature ?...L'homme, la femme et l'enfant éprouvent alors des modifications; mais ces modifications qui les atteignent, pénètrent jusqu'à eux et ne s'arrêtent point sur la nature, toujours soustraite de fait à ces variations. Et pourquoi par hasard ne les subit-elle pas? Parce qu'elle est, ainsi que nous l'avons fait observer, imaginaire ou comme imaginaire pour les personnalités qu'elle comporte. Soit la formule (b) $V = \dfrac{E}{T} = \dfrac{T}{E}$ qu'est là la nature? C'est une équation algébrique définie : l'identité du réel et de l'imaginaire, mais le premier membre est seul censé contenir le réel, et le second l'imaginaire. Qu'on se transporte après cela d'une formule à l'autre, partout, en (b), (b'), (b'') on trouvera le réel *un*, le formel

double et le rapport du réel au formel *invariable* :
la nature n'y change donc pas, puisque l'activité
même y variant ne varie point dans sa variation.
Admettons cependant qu'un changement se produit — n'importe comment — dans son sein : sur
quoi tombera-t-il? Sera-ce sur la nature constituée par le nombre, le rapport et la fonction des
termes? Non, ce sera toujours sur l'une ou l'autre
des diverses actualités ou personnalités E, T ou V,
qu'elle renferme. Alors, on ne dira point, par exemple : *la nature a tourné*, mais on dira : *l'enfant
s'est développé, la femme a souffert, l'homme
a voulu*; toutes locutions impossibles si la réalité
personnelle ne s'interposait point constamment
entre la *subtance* et — quoi? — les *accidents*.
Là, la personnalité remplit à peu près le même
rôle que, dans la plante, le collet entre les racines
et les branches. Nous n'avons plus besoin de dire,
après cela, quelle étrange bévue l'on commet tous
les jours en opposant immédiatement entre eux
les accidents et la substance. Est-ce, en effet, moi
qui agis, ou ma substance qui agit en moi? Est-ce
pareillement ma substance qui souffre ou moi?
C'est moi, sans contredit. Donc je suis, moi, le

réel, et ma substance est simplement ma condition, ou ce sans quoi je ne serais pas, et que par
conséquent j'implique ou je possède, mais avec tant
d'indépendance et de détachement que, l'ayant,
je ne le sens pas, et que, le possédant, je n'en
reçois aide ni secours pour rien. Ma substance
est donc, encore une fois, ma condition, mes
antécédents, mon monde imaginaire, ou le monde
placé derrière moi ; par-devant moi, j'ai le monde
des accidents, monde parfois réel, parfois imaginaire, et, compris comme réel entre ces *deux*
mondes, je suis *tel* que l'*un* d'eux m'a fait, avant
de devenir tel que l'*autre* me fera. Ineptie donc de
définir la *substance* le soutien des accidents, ou
de définir les *accidents* ce qui repose sur la substance ! Si les accidents ne sont rien en soi, qu'est-
ce qu'ils peuvent poser sur la substance? Et si la
substance est le soutien des accidents, pourquoi
tous les êtres participant à la même substance ou
nature ne partagent-ils pas le même sort? On veut
que la substance souffre, jouisse, chante ou se
lamente : il faudra donc que, quand un homme
souffre ou jouit, chante ou se lamente, tous les
êtres consubstantiels à lui en fassent autant, à

l'instar des grenouilles coassant en chœur dans
leurs marais ! *Falsum consequens; ergo et ante-
cedens.* Les soutiens des accidents, ne les cher-
chons donc pas dans les *substances*, mais dans
les *personnalités.* A un certain point de vue,
nous pouvons bien comprendre les substances au
nombre des *réalités*, mais il ne faut pas alors se
méprendre sur l'ordre de réalités dont il s'agit,
et, si l'on qualifie par hasard de *substance*, non
la Réalité *présente* qui prête immédiatement le
flanc aux accidents, mais la Réalité *précédente*
des flancs de laquelle elle est elle-même sortie,
dès ce moment cette Réalité précédente quali-
fiée de substance n'est plus réelle mais imaginaire
à l'égard de la *suivante,* qui la recouvre et sup-
plante ou supplée devant le monde extérieur et
contingent. Si l'on veut, nous exprimerons la
même chose en d'autres termes, et nous dirons :
les *personnalités* s'interposant entre les *substances* et les accidents sont elles-mêmes à la fois substance et accident. Qu'est-ce qui nous empêche,
en effet, de les qualifier d'accident, comparées
aux substances, ou de substance, comparées aux
accidents? Mais ces qualifications ne sont plus

évidemment que relatives et ne répondent point
aux notions immuables de substance ou d'accident, comme le sont, par exemple, les natures
divine, angélique et *humaine*, qui sont en elles-
mêmes invariables. Donc, dans les personnalités,
on peut voir un reflet, une image, une incarnation
pour ainsi dire des accidents ou des substances,
mais l'unique raison en est le rôle intermédiaire
de ces Réalités à deux faces par le haut ou le bas
(la substance ou l'accident), double rôle qui ne les
empêche point d'être vraiment unes au dedans,
comme l'exige toute saine interprétation de la définition logique (§ 19).

DE LA CRÉATION.

21. Le mystère de la *Création*, dont nous avons
subordonné l'intelligence à celle des mystères de
la *Conscience* et de la *Trinité*, passe pour le plus
profond ou le plus impénétrable de tous ; nous
espérons bien cependant l'expliquer aussi clairement que les deux précédents, et par leur moyen.
Nous définissons la Création, telle qu'il faut l'en-
tendre ici pour aller droit au but et substituer

utilement la question de chose à la question de
mots: *une production d'individualités ou de
personnalités contingentes*. Évidemment, toute
production suppose un être producteur, ou même
une nature productrice, ainsi que des individualités ou personnalités productrices encore ; car un
être inerte, tel qu'un atome de matière, ne pourrait
rien produire. Mais, par ce que nous avons déjà
dit sur les mystères de la Conscience et de la Trinité, nous sommes déjà munis de toutes les données nécessaires à la Création. Car l'étude de la
Conscience nous a donné l'idée de l'être *réel* en
quelque sorte doublé de son accompagnement
obligé de conditions imaginaires ; et l'étude de la
Trinité, s'ajoutant à la précédente, nous a montré
cet être réel, non un, mais *triple* dans la Conscience absolue. De plus, après avoir distingué
dans ce dernier cas trois sortes de positions de
l'être : une préliminaire ou fondamentale dite
substantielle, une autre dernière ou finale dite
accidentelle, et une autre intermédiaire ou moyenne dite *personnelle*, nous avons compris que
l'être ne pouvait se trouver décidément que dans
l'intermédiaire ou la moyenne. Car sans prétendre

que la première ni la dernière ne l'impliquent pas,
nous n'avons pas cru pouvoir assimiler l'être im-
plicite à l'explicite; et nous avons alors placé ce
dernier, non là où la pensée subjective l'objective
et le fixe comme condition hypothétique ou présupposée de l'actuel, ni là où la même pensée
subjective l'objective et place encore comme conséquence possible ou résultat prévu du présent,
mais là où le sujet et l'objet coexistent réunis et
identiques, parce que là seulement se trouve la
réalité de la Conscience avec son unité nécessaire.
Appropriant ainsi l'être réel à la *personnalité*, non
à la *nature*, ni à plus forte raison aux *accidents*,
mais reconnaissant en même temps que trois personnalités coexistent éternellement pleinement
distinctes, mais nullement séparées, dans la même
nature alors commune aux trois personnes, nous
n'avons plus qu'un nouveau pas à faire en avant
pour trouver le mystère de la Création résoluble
et même déjà résolu d'avance: ce pas consiste à
supposer qu'à leur tour les trois personnalités déjà
reconnues réelles ont un moyen de se rendre ou
de devenir simultanément imaginaires. Car, comment avons-nous vu qu'elles deviennent, chacune,

réelles? N'est-ce point en venant, chacune, occuper tour à tour le *premier* membre des équations (b), (b') et (b''), tandis que les deux autres se logent au *second*? Admettons alors qu'il survient un nouveau cas dans lequel les trois personnalités, jouant le rôle de sujet dans les équations (b), (b') et (b''), se suppriment toutes les trois ensemble en se réunissant : alors, leur nature commune et leurs différences spécifiques se voilent à la fois, tout devient comme imaginaire en elles, au moins pour le dehors; et parce qu'il est nécessaire à toute activité réelle, absolue, comprimée, de s'ouvrir (s'il est possible) de nouveaux débouchés après la fermeture des anciens, de leur rencontre et conflit ou suspension même il résulte une ou plusieurs natures nouvelles sous la forme d'autant d'individualités ou de personnalités réelles que l'exigent le mode ou la durée de l'obscurcissement des précédentes. Cette solution du mystère de la Création peut, il est vrai, paraître encore obscure; mais après la comparaison que nous allons faire et les éclaircissements qui la suivront, elle apparaîtra, nous l'espérons, aussi manifeste que le jour.

Pour avoir une image sensible de l'acte créateur et de ses conditions ou de ses suites, imaginons placé vis-à-vis d'un objet donné quelconque un sujet qui, d'abord, lui tourne le dos et se trouve avec lui dans une même direction fixe, de sorte que ce Sujet, obligé de regarder toujours devant lui-même, ait derrière soi, comme lui faisant queue, cet Objet qu'il ne saurait encore voir, puisque s'il se tournait pour le regarder il l'obligerait — en raison de leur connexion préalable — à tourner de même. Voulant alors obtenir la vision de l'Objet par le Sujet, nous ne pouvons nous empêcher de requérir, avant tout, que leur union présupposée soit dissoute, et puis que, l'Objet étant par hypothèse fixe, le Sujet commence à se tourner et finisse même par regarder l'objet en face. Le cas change bien cependant encore si nous supposons que le Sujet, arrivé vis-à-vis de l'Objet, continue de tourner rapidement ou ralentit au contraire sa marche. S'il n'a que le temps de jeter un rapide coup d'œil sur l'Objet, il l'aperçoit tout à la fois, mais sans y rien distinguer, ou comme un; s'il le considère au contraire pendant deux temps, il pourra ressentir deux impressions distinctes au lieu d'une seule et commencer à le voir ainsi se diversifier un peu ; pendant une station plus longue, il verra plus de choses encore. Jusque-là, toutefois, l'Objet n'est point censé changer réellement; car les changements qu'il présente, il peut bien les contenir tout faits avant de les montrer au Sujet les percevant successivement avec variations. Pour changer le cas, imaginons alors de changer les rôles, et, réputant le Sujet fixe, faisons tourner devant lui l'Objet. Ce dernier, alors mobile et même actif à son tour, pourra déterminer de deux manières les changements objectifs de vision, savoir : 1º comme se donnant des formes plus ou moins variées ou circonstanciées ; 2º comme tournant avec plus ou moins de vitesse. Et tels sont effectivement les rapports spéciaux ou particuliers du Sujet et de l'Objet dans la triple conscience sensible, intellectuelle ou morale. Puisque la Conscience est essentiellement *être* et *activité*, l'une de ses faces doit être immanente, et l'autre variable ; mais d'avance rien ne nous oblige à perpétuer la variation d'une part et l'immanence de l'autre: nous sommes donc libres de faire porter la variation tantôt sur le Sujet et tantôt sur l'Objet. S'il arrive, cependant, que cette opposition de rôles existe, le Sujet et l'Objet sont entre eux comme disloqués ou disjoints, et le Sujet peut reconnaître l'état de l'Objet; de plus, en raison de l'identité radicale du Sujet et de l'Objet, s'il arrive que le Sujet s'émeuve ou s'affecte dans la considération de l'Objet, l'Objet se ressentira lui-même de cette variation, et, la représentant, il réagira sur le Sujet. Qu'arrivera-t-il donc si finalement ils se mettent à varier tous les deux ? Alors, la Conscience *absolue* personnelle variant, la Personnalité jusqu'à cette heure en jeu cessera d'apparaître pour être remplacée par une autre qui sera son produit ou sa fille. Mais si, par hypothèse, les trois Personnalités que nous savons déjà coexister dans la nature divine variaient à la fois subjectivement et objectivement, ne s'ensuivrait-il pas un changement plus grand encore? Nous n'en saurions plus douter : alors, personnes et nature devenant à la fois imaginaires, il surgirait à leur place de nouvelles natures et personnalités ; et celles-ci seraient créées, parce qu'elles n'auraient d'autres racines dans les précédentes que l'occasion et la possibilité d'être ou de devenir. Arrêtons-nous un moment sur cette dernière raison, parce qu'elle est ici souverainement importante et décisive. Les trois personnalités E, T, V, qui se succèdent dans le sein de la Conscience absolue-radicale, ressemblent à trois pieds sur lesquels elles portent constamment toutes les trois ensemble, en s'appuyant toutes tour à tour sur chacune des trois; c'est pourquoi, tandis que l'une d'elles se pose, les deux autres planent pour ainsi dire en l'air. Alors chacune d'elles, impliquant les deux autres, a sa position vraiment une, sa représentation double, sa puissance triple; et, supposé qu'elle cesse de dominer par sa *position*, elle ne laisse point de continuer d'influer ou de peser sur l'ensemble comme *souvenir* (représentation), ou *précédent* (puissance), car elle fait partie des trois personnalités essentielles à la nature. Au contraire, les natures et personnalités contingentes, quoique s'impliquant toujours imaginairement, n'ont point —de nature à personne, ou de personne à nature — cette sorte de cordon ombilical ou de lien essentiel de relation dont chaque personne joue tour à tour le rôle dans la nature divine; et pour

lors, il y a bien en principe ou sans commencement, dans la nature divine, toutes les natures et
personnalités contingentes qu'on voudra ; mais là,
ni la nature des personnalités contingentes ne se
traduit radicalement en personnalités, ni les personnalités contingentes n'individualisent de prime
abord leur propre nature, radicalement plutôt
simplement expectante ou disponible qu'actuelle :
nous n'avons donc en premier lieu que comme
des membres épars, tout à fait dépourvus de conscience réelle; et comme d'une part, il n'y a point
d'être sans conscience, comme d'autre part toutes
natures et personnalités contingentes n'arrivent
qu'accidentellement à se connaître dans l'espace
ou le temps, il s'ensuit qu'elles sont, non-seulement produites, mais encore accidentellement
produites et par là même créées.

Quelques difficultés s'opposent-elles encore à
la parfaite intelligence de ces premières explications: nous allons tâcher de les lever dans les applications *logiques* suivantes. Le point que nous
avons ici surtout en vue de traiter est celui des
accidents *réels* ou bien *objets de position absolue*,
chose qu'on nie dans la définition vulgaire des

accidents, quand on les regarde comme ne pouvant jamais se passer d'une substance à laquelle ils se rapportent immédiatement et soient, comme on dit, *inhérents*. Cette question des *accidents* réels ou non réels est d'ailleurs corrélative à celle de la *substance* que nous avons déjà déclarée se convertir souvent en être de raison ; et, si nous parvenons à démontrer en outre que les accidents, chose tout d'abord abstraite ou sans réalité, deviennent parfois réels, on n'aura plus de peine à croire qu'inversement les substances peuvent bien être aussi capables de se dépouiller de réalité pour devenir à leur tour imaginaires. Est-il donc bien certain et démontrable que les accidents sont parfois vraiment capables d'absolue position ou de réalité? Nous l'affirmons ; et nous en trouvons la preuve dans ce que nous avons déjà dit. En effet, si — comme nous l'avons démontré — la *position réelle* est partout où se porte et se pose l'Activité voyageant de l'un des imaginaires à l'autre pour les réaliser tour à tour , il faut bien avouer qu'elle est en état de se porter et de se poser aussi dans les accidents, qui de prime abord ne la contiennent pas, mais en sont pourtant susceptibles. Soit, par exemple, la formule

$$(b') \quad T = \frac{E}{V}$$

symbole de l'Intellect réel, où, T étant réel, E et V sont imaginaires.

D'après ce que nous savons déjà, T est là réel, comme accaparant dans son unité toute la valeur actuelle ou positive imaginairement attribuable aux autres termes E et V, qui vont alors se réunir en T comme toutes les lignes partant de la base d'un cône vont se réunir au sommet. Mais là T est un sommet nécessaire et, par conséquent, un sommet non-seulement inséparable de la base, mais encore impliquant toute la largeur et la solidité du cône. Si, prenant au contraire à la fois les trois personnalités radicales E, T et V, nous les supposons placées dans un cas de relation et d'union *contingentes*, nous devons les voir aboutir cette fois toutes ensemble, pour le cas accidentel que nous considérons, au sommet où leurs actes concourent; et puisqu'elles y concourrent accidentellement, elles seront susceptibles d'y fonder ou contracter accidentellement un état

particulier de repos ou d'équilibre, par cette
raison toute simple qu'un cône repose aussi bien
passagèrement sur son sommet, que d'une manière *plus stable* sur sa base. D'ailleurs, n'avons-
nous point admis déjà que l'Intellect T est aussi
réel, à tour de rôle, que le Sens E ou l'Esprit V ?
Mais la position de l'Intellect est une position
réelle et *formelle* : d'abord *réelle*, d'après ce
que nous venons de dire ; puis *formelle*, puisqu'elle est celle d'un fait idéal ou d'une idée. S'il
y a donc des *accidents* qui nous présentent réunis
et confondus ces deux mêmes caractères, nous
devrons les réputer réels aussi bien que formels,
et par là même absolument réels ou positifs à la
façon de l'Intellect. Or il y a de tels accidents ; et
il y en a de tels, parce qu'on trouve souvent à
comparer *être* à *être*, *forme* à *forme*, ou *puis-*
sance à *puissance*, et qu'alors, si les termes
comparés sont, *chacun*, réels dans le genre de E
(comme les deux ciseaux du § 19), leur *rapport*
immédiat est nécessairement en premier lieu
formel. Ce même rapport, d'abord formel, mais
cependant réel ensuite comme *terme passager*
d'absolue position, est par là même le point de

départ d'autant de sortes de positions nouvelles ,
mais *formelles* ou relatives en principe, dont la
réalité finale s'exprime par les noms de *monades*,
de *nature* ou de *forces* absolues contingentes ;
et ces positions, ne surgissant dans la conscience
ou ne s'effectuant avec conscience qu'à l'occasion
de la rencontre *accidentelle* des personnalités
radicales E, T et V prises une à une, deux à deux
ou trois à trois, sont ainsi vraiment des positions
accidentelles et réelles à la fois ou bien des *acci-*
dents réels, n'ayant aucun besoin d'autres réalités
immédiates avec lesquelles ils se mêlent ou se
confondent. — Notons bien, toutefois, que les
êtres contingents nommés tout à l'heure *acci-*
dents réels, impliquent l'*imaginarité* collective
des trois personnalités radicales, seulement pour
être réalisés en produits, non pour être spécifiés,
ou passer de l'état général d'être ou de monade
à celui d'espèce ou de nature. Pour que ces nouveaux êtres à conscience se différencient: d'abord,
de la nature divine qu'ils impliquent nécessairement avant eux; puis, les uns des autres, comme
n'ayant point même nature relative, il faut partir
d'un point de vue tout différent et songer qu'il y

a trois manières de constituer imaginairement un être, savoir : au moyen de *trois* termes, ou de *deux* termes, ou d'*un seul* terme. La nature divine incréée comprend toujours les trois termes E, T et V, sous la forme $V = \dfrac{E}{T}$ ou toute autre analogue. La nature créée, d'abord indivise comme s'opposant à la précédente seulement, n'en comprend plus que deux, qui sont E et T; et, se modifiant aussitôt par l'application totale d'un de ces termes à l'autre, elle peut être représentée par les produits ET, TE, deux termes complexes ou formels corrélatifs. Enfin la nature créée, non plus employée par manière de définition logique où le genre et l'espèce alternent, mais par manière de force naturelle formée de parties homogènes ou bien encore d'intégrale ou de somme tour à tour croissante ou décroissante, ressemble à E seul, constitué sous la forme de fd. La nature *divine* étant généralement figurable par une expression de la forme F (E, T, V), les deux natures *angélique* et *humaine* comparées le sont de leur côté par les expressions de la forme TV, VT; mais là ces deux dernières natures sont censées

de même ordre, et l'*humaine* n'est qu'exceptionnellement placée à ce haut rang[1] ; réduite à ses
propres forces, elles est figurée par *fd*. — Si l'on
se souvient que, d'après nous, ces diverses natures sont, chacune, imaginaires où les deux autres
sont réelles, on peut craindre de nous voir
échouer ici contre l'écueil de l'idéalisme ; mais
il suffit, pour se rassurer à cet égard, de remarquer qu'il y a plusieurs *degrés* d'imaginarité,
comme de réalité. Un être à trois dimensions
ressemble à la nature *divine* peuplée de trois
puissances; un être à deux dimensions ressemble à la nature *angélique* peuplée de deux; et
un être à une seule dimension ressemble à la
nature *humaine* pure, élémentairement douée
d'une seule puissance. Quand, alors, la nature
angélique survient en Dieu, la nature divine doit
nécessairement lui céder deux dimensions à la fois,
ou bien devenir imaginaire pour elle sous deux

---

[1] C'est là la raison en quelque sorte *naturelle* du *surnaturel*, dont les auteurs ne paraissent avoir aucune idée, puisqu'ils réduisent tout en affaire de bon vouloir ou de grâce.
La grâce ne décide jamais que des faits de *création*, d'*élec-
tion*, etc. La raison explique les faits par l'état de la *nature*,

faces ; et quand de nouveau la nature humaine
intervient , la nature divine doit encore s'imagi-
nariser sous la troisième face. Mais rien n'empêche d'admettre que la nature divine retient la
forme binaire de l'exercice angélique vis-à-vis
de la nature humaine, ou la forme unitaire des
actes humains vis-à-vis de la nature angélique; et
pour lors, la nature divine, ne s'imaginarisant
jamais tout à fait pour l'angélique ni l'humaine,
joint à la double faculté de loger chacune de ces
deux dernières dans son sein , la suprême puissance de les régir encore pleinement pour sa plus
grande gloire et pour leur bien particulier ou
commun.

Tous les *accidents* possibles sont-ils , maintenant, convertibles en réalités absolues ? Nous
ne le saurions dire. Est et reste *pur accident
tout ce qui se produit après l'entière réali-
sation (sous toutes les formes) des trois natures
seules possibles (divine , angélique, humaine)*,
et quand, *par conséquent* , ces natures, n'étant
plus ni ne pouvant plus être fécondes, se bornent
à se livrer entre elles à des exercices ou jeux
figuratifs ou commémoratifs *externes* , dans

lesquels il n'est plus question de *multiplication réelle numérique* ni d'*accroissement réel de degrés*, mais seulement de *grandeur apparente* en extension, intensité ou tension pure (espace, temps ou mouvement), ce qui suffit pour leur procurer toutes les délicatesses de la passion sans les peines ni les soucis de l'action ; car de là viennent pour elles et sans leur coopération trop tendue ni violente, par exemple, toutes les *couleurs* ou nuances de la lumière admirées dans la perception, toutes les *figures* régulières ou symétriques de la matière admirées dans la représentation, et enfin tous les *goûts* plus ou moins agréables et variés ressentis dans l'aspiration. En d'autres termes et plus brièvement, est *pur accident* tout ce qui, sans avoir trait aux grands intérêts de *production* ou de *conservation-propre*, répond aux moindres besoins de simple *récréation* et peut ou doit les satisfaire [1]. La nature *sensible* répond à ces derniers be-

---

[1] En d'autres termes encore, les *accidents absolus* sont de l'ordre *potentiel* ou *personnel* ; les *purs accidents* sont de l'ordre *simplement actuel* ou *matériel*. Symbole des accidents absolus, 1¹ ; symbole des purs accidents, 1⁰.

soins par l'exercice passif ou fatal des cinq sens
extérieurs ; mais ni l'Intellect ni l'Esprit ne
veulent rester étrangers à cette jouissance, et de
là vient que toutes les puissances internes, atten-
tives à suivre le cours des phénomènes extérieurs,
mais ne s'y livrant que — comme elles sont
excitées — avec modération, semblent se laisser
aller à la dérive et se dérobent, par leur constitution même, à toute grave commotion capable
de reporter l'être dans les accidents ou les accidents dans l'être.

DE L'INCARNATION.

22. Les deux natures *angélique* et *humaine*
une fois produites et ajoutées à la nature *divine*,
il devient possible à l'Intellect divin de s'incarner.
Mais qu'est-ce que s'incarner ? D'ordinaire, on répond simplement à cette question, que c'est, de la
part de la seconde Personne divine, entrer dans
la nature humaine et s'en emparer pour la régir
avec un empire absolu. Cette réponse étant
moins une explication qu'une pure énonciation du
mystère actuel, nous ne pouvons nous en con-

tenter; et, la remplaçant alors par une autre qui
nous découvre un nouvel ordre d'idées, nous
dirons que s'incarner, c'est, de la part de l'Intellect ou du Fils, ex-personnifier le Sens ou le
Père, et se substituer personnellement à lui dans
la nature humaine qui, passant alors coup sur
coup d'une Puissance à l'autre, n'a jamais le temps
de se conduire elle-même ; en d'autres termes,
*l'Incarnation est une transpersonnification opé-
rée dans la nature humaine dont la suprême
direction, passant immédiatement du Père au
Fils, ne lui permet aucunement d'être jamais
à soi.*

Pour expliquer comment nous avons été con-
duit à concevoir ainsi le mystère de l'incarnation
d'une manière qui fasse, pour ainsi dire, brèche
entre la *nature* et la *personnalité* dans la nature
humaine aussi bien que dans la nature divine, nous
ferons observer qu'effectivement, dans la nature
divine, au moment où l'on admet que les trois
personnes dont elle est constituée s'imaginarisent
incessamment deux à deux pour pouvoir occuper,
chacune, tour à tour l'absolue position, on ne peut
plus se dispenser, en voyant cette même nature

passer ainsi (comme de main en main) de personne à personne, d'ajouter qu'elle se *transpersonnifie* réellement d'un moment à l'autre.

Partant de là, pouvons-nous alors imaginer rien
de tel entre les trois natures divine, angélique
et humaine comparées, ou bien imaginer qu'elles
se transmutent en qualité de natures comme
les personnalités divines se transmutent en qualité de personnes? Nullement, et nous en trouvons la raison, non-seulement en ce que les
natures diffèrent essentiellement des personnalités, mais encore en ce que les natures ne se
supplantent jamais tout à fait comme les personnes. En effet, bien que la nature *divine* présupposée par l'*angélique* se vide ou se retire
en partie pour lui faire place, et qu'également
l'*angélique* doive ouvrir son sein à l'*humaine*
pour lui permettre de devenir distincte à son tour,
ni l'*humaine* agissant comme humaine ne joue le
rôle de l'*angélique*, ni l'*angélique* agissant comme
angélique ne joue le rôle de la *divine*, et chacune
d'elles conservant alors son rôle, elles coexistent
ou se superposent et ne se remplacent point, ni
ne se *transsubstantient* par conséquent. Au con-

traire, puisque les trois natures divine, angélique
et humaine semblent se dérouler en sortant, la
suivante, de la précédente, comme par épigénèse
ou désemboîtement, on aurait plutôt raison de
dire qu'elles *s'exsubstantient* ou proviennent sub-
stantiellement l'une de l'autre. Mais ce n'est
pas là ce qu'il nous importe le plus ici de remarquer, nous avons seulement à considérer avec
soin dans quel rapport intime chacune de ces
trois natures consécutives se trouve avec les trois
personnes divines ; car de ce rapport dépend précisément la distinction que nous voulons établir.
La nature *divine* étant nécessairement complète
en tout temps, se présente aussi constamment *une*
en *trois* (personnes) ; et comme la troisième ou
dernière personne est l'Esprit, c'est alors la forme
réelle ou *triple* de la dernière qui devient la
forme obligée des deux autres personnes, ainsi
que celle de la nature divine. Mais imaginairement, avant l'apparition de la troisième personne,
la nature divine n'en contenait que deux, et la
seconde d'alors, ayant la forme *réelle binaire*,
devait communiquer cette forme à la première
personne, ainsi qu'à la nature. Enfin, dans le

moment imaginaire précédent, la première personne existait seule sous la forme *unitaire*, et cette forme était alors forcément aussi celle de la nature. Les formes *ternaire*, *binaire* et *unitaire* sont donc, en reculant, les formes de l'exercice propre actuel externe des trois personnes divines; et bien qu'elles existent d'abord toutes les trois sous la forme ternaire propre en principe ou de droit à l'Esprit, s'il arrive qu'elles veuillent sortir de cet état complet, elles ne peuvent plus que s'exercer, d'abord deux à deux sous l'actuelle influence de la seconde, puis une à une sous l'actuelle influence de la première. En conséquence, les trois personnalités *divines* sont sous la commune influence immédiate de l'Esprit; toutes les personnalités *angéliques* sont sous la commune influence immédiate de l'Intellect ou du Fils; et toutes les personnalités *humaines* sont sous la commune influence immédiate du Sens ou du Père. Mais les exercices externes respectifs du Fils et du Père sont essentiellement contingents et conditionnés, savoir : celui de l'Intellect, par l'Esprit; celui du Sens, par l'Intellect. Et de plus, les conditions de l'exercice de l'Intellect sont toujours prêtes, puisqu'il ne requiert rien au-delà de l'exercice *ternaire* de l'Esprit, qui n'a ni commencement ni fin, aussi bien dans le temps que dans l'espace. Alors, l'Intellect intervenant n'a besoin que de se donner des limites et de former des couples dans le nombre ternaire des personnalités présentes en les prenant deux à deux ; et comme l'Esprit ayant fait sa passe s'exclut lui-même de ce nombre, l'Intellect ne peut plus que s'accoupler lui-même avec le Sens, sans qu'il soit jamais possible à ce dernier de le supplanter dans ce rôle, puisque toute action en sens contraire du Sens n'aboutirait chez lui qu'à l'isolement en exercice externe. Admettons en effet que cette dernière puissance tienne à se singulariser : agissant à sa manière, elle s'emploiera pour lors, comme principe d'exercice unitaire, à se donner, par exemple, plus d'extension, ou d'immanence, ou de vitesse; mais ce sera toujours d'elle-même qu'elle tirera pour faire face à cette dépense de force ou de travail, et le produit restera par conséquent singulier comme l'agent. On n'entrerait aucunement ici dans notre pensée, si l'on s'imaginait que l'Intellect et le Sens divin sont tant

soit peu personnellement engagés dans leurs produits immédiats, si ce n'est comme auteurs ou
principes. Quand l'Esprit impose sa forme *ternaire*
à ces deux agents, il le fait parce qu'il les trouve
prêts à la recevoir et réels devant lui. Quand alors
l'Intellect communique de même la forme binaire
aux anges, il le fait encore parce qu'il les trouve
instantanément déjà réalisés par le Père comme
êtres singuliers. Mais, quand le Père fournit les
êtres absolus nécessaires aux applications spé-
ciales de l'Intellect ou de l'Esprit, il est impossible
de supposer qu'il les trouve déjà réalisés par une
autre puissance ; il doit donc les produire lui-
même et de lui-même, comme doué d'une double
fécondité, l'une *nécessaire*, l'autre *libre*, et ses
produits individuels et contingents d'alors offrent
cela de particulier que, tels qu'ils sortent de ses
mains et tant qu'aucune autre puissance ne se
hâte d'accourir pour en prendre possession, ils
sont et restent exclusivement *sensibles* à son
image. Leur nature première est celle de leur
Père, non parce que leur Père serait par hasard
réduit à celle-là (car nous savons déjà qu'il possède en principe la forme Divine ou ternaire),

mais parce que, obligé d'agir toujours le *premier*
et par là même *seul* (en tant que premier) en
exercice accidentel, il est incapable de communiquer à ses produits plus d'extension que n'en
comporte sa propre action tout initiatrice et radicale. Nous avons déjà dit que les êtres des degrés
supérieurs apparaissent dans le temps plus tôt que
ceux des degrés plus bas; il faut donc admettre
que, à mesure que le Père produit, l'Activité radicale absolue se raccourcit en quelque sorte et
semble aussi comme se retourner sur elle-même
à chaque pas important, pour regarder le chemin
qu'elle a fait ; et voilà pourquoi les derniers êtres
apparus ressemblent alors, non par l'individualité mais par le genre seulement, à leur Père. Dans
le *premier Principe*, l'individualité ni le genre ne
sont ni séparés ni séparables ; de même, dans les
effets de ce premier principe, ni le genre ni l'individualité ne sont d'abord séparés, mais ils ne sont
plus inséparables; car, pour qu'ils fussent inséparables, il faudrait qu'il fût radicalement impossible
à toute *nature* d'échanger de *personnalités*, ou
d'en admettre plusieurs simultanées ou successives.
Or nous savons déjà que cet échange ne répugne

point dans la nature divine, en général. Donc
cela ne doit pas répugner davantage dans la nature
spéciale ou le *genre* du Père. Donc, en même
temps que ce genre est communicable à plusieurs
individualités, il peut encore passer — comme de
main en main — de personne à personne, et,
cessant d'appartenir exclusivement à la première
Personne divine, devenir l'héritage ou la pro-
priété de la Seconde, plus capable d'en tirer meilleur parti que la Première. C'est ainsi qu'il devient
possible à l'homme *naturel* d'exister *surnaturel-
lement* à l'état d'ange. D'abord, l'homme fut même
placé provisoirement en cet état ; mais, cet état
provisoire n'ayant pu devenir immédiatement dé-
finitif, l'Intellect radical dut vouloir resserrer le
lien des deux natures *angélique* et *humaine*, et
pour cela, tout en conservant l'*œuvre* ou le *genre*
du Père, lui ravir, avec la faculté de *s'isoler*, le
pouvoir individuel ou *personnel* de jeter le trou-
ble dans le monde supérieur intellectuel et d'en
renverser l'équilibre ou d'en interrompre le cours
harmonieux indéfini, symbole du divin.

Notre but étant ainsi clairement indiqué, pour-
rons-nous le représenter au moyen de quelque

comparaison *naturelle* qui nous le rende sensible?... Il serait bien extraordinaire qu'une vérité de premier ordre fût sans emploi dans le monde de la nature; nous trouverons le premier exemple de la vérité que nous voulons rendre sensible, dans la distinction même entre la *nature* et la *vie* qu'on sait constituer deux règnes différents. D'abord tous les éléments des corps matériels sont notoirement soumis aux forces dites *naturelles* (attractive, répulsive, impulsive), et par ces forces sont alors constitués tous les astres, d'une part, et tous les atomes ou toutes les molécules en faisant partie, de l'autre. Mais ce n'est là qu'une première phase de l'existence absolue de ces mêmes éléments ; et quand les forces vitales intervenant en eux viennent les arracher au brut régime des forces naturelles, ils composent de nouveaux produits si variés et si frappants qu'on y reconnaît immédiatement ou d'inspection le changement de relation ou de puissance qu'ils ont subi: ces nouveaux produits inexplicables par les seules forces naturelles sont les organismes et les cristaux. Un autre exemple de ce déplacement ou changement de personnalité s'offre à nous dans l'ordre social, toutes les fois, par exemple, qu'un être personnel, d'abord renfermé dans le cercle étroit de la *famille*, accepte un emploi *public* qui l'assujétit à d'autres, comme le soldat à ses chefs ou le secrétaire d'un tribunal aux magistrats chargés de rendre la justice. Alors, n'importe que la guerre soit au fond juste ou injuste, ou que les sentences rendues soit légales ou illégales en elles-mêmes, ni le soldat ni le secrétaire ne sont censés responsables des injustices ou des fautes commises, et cette irresponsabilité de leur part ne peut évidemment avoir d'autre raison que le transport entier de la personnalité réelle des subordonnés à leurs maîtres. Mais, pour mieux matérialiser encore ici notre idée, prenons pour exemple les deux lumières polarisées *ordinaire* et *extraordinaire*, dont on ne saurait nier, ni qu'elles ne se substituent fréquemment l'une à l'autre, ni qu'elles ne se prêtent aussi facilement leurs espèces ou apparences sensibles. L'échange absolu des mêmes lumières se vérifie, d'abord, au moyen d'un procédé dû à Fresnel, et consistant, dit Verdet (I, 436), «à scier en deux un rhomboèdre de spath calcaire, de façon à obtenir deux rhomboèdres d'épaisseur égale, et à placer ces deux rhomboèdres l'un devant l'autre, en les croisant de façon que leurs sections principales soient perpendiculaires. Si l'on regarde un point lumineux à travers ces rhomboèdres croisés, on n'aperçoit que deux images; car le faisceau ordinaire du premier devient tout entier extraordinaire dans le second, et réciproquement.» Voulant vérifier ensuite l'aussi fréquente apparition de l'une des deux lumières sous les apparences de l'autre, on peut recevoir indifféremment la lumière polarisée fournie par l'appareil de Norremberg, soit sur une lame réfléchissante de platine inclinée à 55°, soit dans un prisme biréfringent, car il est alors immédiatement aisé de constater avec un nicol que les deux lumières apparues sont différentes de fond et identiques de forme.

Des preuves ou comparaisons *naturelles* passons maintenant aux explications *logiques*. Celles-ci se rapporteront toujours aux deux éléments de toute définition logique, que nous savons être le genre prochain et la différence spécifique, ou plus simplement le *genre* et l'*espèce*. Nous avons déjà dit que le genre et l'espèce peuvent alterner entre eux de fonction, comme dans la notion de

l'ange et de l'homme définis , le premier , une
Raison sensible , le second, un Sens rationnel ;
mais nous n'avons pas dit encore ce qui , du
genre ou de l'*espèce*, exprime la *nature* ou la
Personnalité. Voulant et devant alors combler
cette lacune, nous ferons observer ici que l'être
absolu complet supposant toujours la réunion de
ces deux choses (*nature* et *personnalité*) et consistant même dans leur identité, devient pourtant
personnellement plus ou moins autre, quand ces
éléments en sont *constitués* ou *combinés* diffé-
remment. La seule idée de combinaison , et
surtout de combinaison variable , implique alors
forcément la distinction et même la séparation
des éléments (nature et personnalité) ; mais
pourtant il n'y a jamais de personnalité *réelle*,
qu'ils ne soient réunis ; donc la personnalité constitue chaque fois l'être entier, l'être au troisième
ou suprême degré, disons mieux, la consomma-
tion ou perfection de l'être. Et, pour éclaircir
cette énigme, séparons les éléments ou dissolvons
la personnalité *réelle* ; qu'en adviendra-t-il ? Le
voici : la *personnalité* restera, mais amoindrie,
comme *formelle* , et sera, sous ce déguisement,

le pendant de l'autre élément, aussi *formel*,
appelé la *nature*. Ainsi pris relativement, l'être
réduit formellement en *personnalité* d'une part
et en *nature* de l'autre, est semblable à l'être
composé de *genre* et d'*espèce*. Qu'on veuille
bien jeter les yeux sur la marche des idées dans
les deux parties du tableau suivant embrassant
les deux cas (cas analogues à ceux connus :
$V = \dfrac{E}{T} = \dfrac{T}{E}$, $E = VT = TV$, où le *redou-*
blement est plus significatif q'on peut le croire) :

(Absolu) *Personnalité* = (relatifs) $\left\{ \begin{array}{l} \textit{Personnalité.} \\ \textit{Nature.} \end{array} \right.$

(Absolu) *Genre* = (relatifs).... $\left\{ \begin{array}{l} \textit{Genre.} \\ \textit{Espèce.} \end{array} \right.$

On comprendra de suite que , dès l'instant où
l'on passe là de l'absolu au relatif, non-seulement
l'absolu dans l'absolu devient relatif dans le relatif, mais encore la même dégénération de
rôle arrive tant en la *personnalité* que dans le
genre absolus. Cependant, si — dans cet acte de
dégénération par lequel la Personnalité devient
d'absolue, relative, en même temps que le genre
devient parallèlement, de genre, espèce — le

genre et la Personnalité se correspondent exacte-
ment, il est inévitable que les deux autres termes
par l'apparition subite desquels ils apparaissent
eux-mêmes relatifs (ou la *nature* et l'*espèce*), se
correspondent également. Donc la même correspondance qui règne entre le *genre* et la *personnalité* règne encore entre l'*espèce* et la *nature.*
Mais, dès-lors que tout *genre* donné peut se convertir en *espèce*, n'est-il pas manifeste que toute
espèce doit pouvoir inversement se convertir
en *genre ?* Donc, pareillement, une *nature* naguère subsistant au rang de simple nature *formelle* peut se convertir en nature *réelle* ou
devenir une personne. Voilà donc dans quel sens
il est possible ou permis de dire que les *Personnalités* absolues, qui sont des genres, se supplantent : elles se supplantent en ce que , tandis que
l'une d'elles arrive au *suprême* degré de l'être,
l'autre descend au *second*, en ne révélant plus que
sa *nature* disparate individuelle, dont l'*emploi* revient à la *Personnalité* devenue dominante. Deux
êtres *personnels* opposés et par là même recélant
un fonds divers ne sont point, dans cette manière
de voir, *personnels* à la fois ou sous le même as-

pect, mais ils le sont, ou l'*un après l'autre* ou *dans deux ressorts distincts*. Ainsi, tel être, le premier pour l'action, n'est que le second pour le conseil; et de même ni le premier pour l'action ni le premier pour le conseil ne sont encore toujours les premiers en puissance déterminative ou valeur morale. D'ailleurs, il y a dans tous ces cas pratiques un ordre obligé de subordination qui ne se renverse pas impunément. Il est nécessaire, par exemple, qu'une nature *sensible* se dépouille de sa personnalité devant la *Raison* ou se laisse régir par elle, parce qu'elle peut vivre autant ou même mieux sous la conduite éclairée de la Raison que sous l'aveugle impulsion de ses propres instincts; mais encore il est au moins aussi nécessaire que le *Sens* et la *Raison* puisent leurs motifs de détermination aux meilleures sources ou aux sources morales, parce que le seul Esprit éternel et sûr de triompher est l'*Esprit* moral.

Il ne répugne donc aucunement d'admettre qu'un être se *transpersonnifie*, c'est-à-dire que (lorsqu'il n'est d'abord qu'absolu comme les êtres contingents) il joue successivement plusieurs rôles personnels. Nous hommes sommes dans ce cas, puisque, jusqu'à ce que survienne l'âge de raison, nous vivons sous le joug despotique du Sens et ne suivons que la loi des instincts. Plus tard, quand survient l'âge de raison, la Raison s'asservit en nous l'instinct et nous rend par là même, de sensibles, intelligents, en attendant que l'Esprit s'éveillant apporte à notre être le cachet de personnalité morale. Mais tout cela se fait par degrés, et nous ne connaissons pas même d'homme en qui l'Intellect ou l'Esprit semblent jamais exercer un empire aussi grand, aussi complet que le Sens. Est-ce une raison de déclarer notre entière trans-personnification impossible? Nous ne le saurions dire. Le but une fois posé, s'il n'est pas possible à l'homme naturel de l'atteindre par ses propres forces, il n'est pas impossible à l'Intellect divin ou radical de l'y porter en un instant, car nous tombons bien en un instant sous le joug despotique du Sens! Nous pouvons donc tomber instantanément encore sous l'empire exclusif de la Raison; et s'il plaît surtout à l'Intellect radical de concentrer son action sur un Être humain ou sensible d'une nature intacte ou vierge, ça ne sera point contre sa personnalité humaine, non encore éclose, qu'il de-

7

vra la diriger, mais sur le seul Sens radical dont,
une fois présupposée mise au jour, elle serait l'effet;
l'*Intellect*, se substituant alors immédiatement au
Sens dans l'homme encore impersonnel, le dote
conséquemment de sa personnalité même, et nulle
autre dénomination ne convient pourtant mieux,
que celle d'*incarnation*, à son inhabitation en lui,
parce que, n'agissant plus désormais sans faire
marcher à la fois les deux natures divine et humaine réunies, il les implique dans son unité
comme constamment solidaires et l'une portant
l'autre.

DE L'EUCHARISTIE.

25. Ayant successivement acquis l'intelligence
des mystères de la Conscience, de la Trinité, de
la Création et de l'Incarnation, nous pouvons enfin
aborder le mystère de l'Eucharistie, pour lequel
nous avons précisément étudié tous les autres,
dans la persuasion qu'il était nécessaire et suffisant
d'avoir une fois compris tous ceux-là pour n'avoir
plus de peine à comprendre aussi parfaitement le
mystère eucharistique. Le moment étant venu de
démontrer que cette persuasion n'était point gra-

tuite mais consciencieuse et réfléchie, nous reprendrons une à une les trois grandes difficultés présentées par le dogme eucharistique, et nous prouverons que, dans nos principes, elles n'existent plus ou sont comme résolues d'avance, tant elles sont promptes à s'évanouir désormais comme d'elles-mêmes aux yeux de la saine raison.

24. La première de ces difficultés exposées au § 13 se tire de l'apparente impossibilité rationnelle d'admettre la *transsubstantiation* ou le changement d'une substance en une autre.

Pour résoudre cette difficulté, nous demanderons s'il s'agit ici de vraies *réalités substantielles*, ou bien de substances simplement *apparentes*. Des *personnalités* absolues sont de vraies réalités substantielles ou des substances réelles ; mais les *purs accidents* dont nous parlions au § 21 sont des substances simplement apparentes. Il est évident que, s'il s'agit dans l'Eucharistie du simple changement de substances *apparentes* en d'autres substances analogues, le mystère est comme résolu de fait ou n'existe plus ; car , ce qui peut apparaître impraticable, c'est l'intrinsèque transmutation des vraies réalités, non celle

des réalités simplement apparentes ou fantastiques. Toute la question se réduit donc à savoir si
les substances dont la transmutation est exigée
par le dogme eucharistique sont des substances
purement apparentes ou fantastiques. Or il en
est ainsi, comme il est actuellement aisé de le
prouver.

D'après ce que nous exposions naguère (§. 22),
le Sens, réduit après l'incarnation à jouer dans
l'homme un rôle *secondaire*, ne laisse point d'y
fonctionner encore comme *espèce* dans son genre;
et, comme se subordonnant alors en l'homme à
l'Intellect, il permet d'appeler ce dernier être une
Raison sensible, en l'égalant de cette manière à
l'ange et le lui préposant même, si l'on veut,
mais sans sortir du même ordre d'idées. Cela posé,
ne serait-il pas maintenant possible d'aller plus
loin et de faire reculer le Sens, du *second* degré
d'être, au *dernier* ou *plus bas*, celui des *purs
accidents*? Cette question, assez étrange en apparence, est pourtant très-naturellement amenée
par toutes les considérations précédentes, et nous
ne pouvons plus même nous dispenser d'y répondre affirmativement. Car quelle raison aurions-

nous de reculer devant cette conséquence? Serait-
ce par hasard la crainte de ne pouvoir la concilier
avec les positions réelles déjà reconnues du Sens?
Mais cette crainte serait bien gratuite, puisque la
nouvelle position de simple fait que nous voulons
lui faire, laisse les positions antérieures de cette
puissance tout à fait hors de cause. Et qui n'admet,
par exemple, qu'un être donné quelconque ne
soit, pour le sens des autres êtres, au rang de
matière, quand il tombe fatalement sous leur
action? Imaginons ici, par exemple, que l'Intellect,
au lieu de s'associer exclusivement désormais avec
le Sens, s'unit encore avec l'Esprit, son supérieur
de droit (§ 22): dès ce moment, l'Esprit est la
personnalité suprême, et l'Intellect n'en est plus
que l'acolyte[1]. Le Sens, de son côté, que deviendra-t-il pour l'Intellect jugeant des choses au
point de vue supérieur de l'Esprit? Le Sens deviendra ce que nous prétendions tout à l'heure,
c'est-à-dire, il ne sera plus qu'un principe absolu
de *purs accidents* ou d'apparences. Les purs acci-

---

[1] Cela signifie qu'en ce moment l'Intellect subsistant sous
la forme de l'*Esprit* (= 1³), l'Esprit fonctionne sous la forme
d'*Intellect* (= 1²), et le Sens, sous celle de *sens pur* (= 1¹).

dents supposent bien le Sens réel, mais ils le supposent en même temps vu si louchement ou de travers que, en perdant toute son épaisseur ou sa solidité précédentes, il descend au rang de jet intérimaire, de relation absolue, de *phénomène*. Tout ce qui n'est qu'*acte sensible* se trouve dans ce cas. La *douleur*, par exemple, n'est ni Nous ni un mode de Nous, c'est une pure sensation de Nous qui passe et se change même parfois en *plaisir*. Il y a donc, pour le Sens, des positions passagères où il ne joue qu'un rôle essentiellement transitif, relatif, actuel. Alors on ne peut l'observer et saisir que par les termes auxquels il aboutit, et qui le réalisent ou réfléchissent sous forme *calorifique, lumineuse*, ou toute autre analogue; et, pour les anges ou les hommes qui jugent des choses au point de vue de l'Esprit, tout le ressort externe du Sens n'a point d'autre réalité que cette réalité phénoménique, fantastique, illusoire; ils en perçoivent les apparitions comme des ombres. Cela n'empêche point les *actes sensibles* d'être une fidèle reproduction du monde interne ou des vraies réalités qui les terminent ou déterminent; et nous ne devons aucunement être surpris de retrouver en eux des éléments spéciaux plus fixes ou moins convertibles, que d'autres, en leurs contraires; mais de cette apparente immutabilité relative devrons-nous conclure que le Tout n'en est point en définitive, de même condition et nature, ou bien changeant et variable ? Nous n'aurions besoin, pour nous détromper, que de réfléchir un moment sur l'origine ou la constitution de ces parties relativement immanentes ou formelles, vraiment élémentaires — si l'on veut — pour la représentation qui les pose à part, mais pourtant aussi toujours objectivement décomposables en d'autres éléments actuels, ou plus simples, *diversement associés* pour plus ou moins de temps, à peu près comme un jeu de cartes mêlées sans discernement ni réflexion. Voyons, en effet, comme les *complexions* d'indices changent bizarrement d'un *corps simple* à l'autre ou d'un *état absolu* physique à l'autre. L'or est pesant et roux, l'argent est pesant et blanc... De même, l'eau est transparente et liquide, la glace est transparente et solide.... Puisque les indices sensibles primitifs *s'unissent* et *se séparent* ainsi perpétuellement avec une complète indiffé-

rence, leurs *complexions* sont évidemment elles-
mêmes changeantes ou variables; et sans doute
un seul indice est bien plus variable en toute
complexion que la complexion entière; mais, tous
les indices étant finalement variables, leurs
sommes ou complexions le sont aussi forcément
elles-mêmes; et tout le monde des indices apparents n'est ainsi lui-même qu'apparent, fantastique, imaginaire, en dehors des causes réelles
qui le supportent ou le produisent, sans jamais
se manifester autrement que par leurs effets ou
leurs actes externes. Maintenant, qu'est-ce qui
change ou se transmute dans l'Eucharistie?
Sont-ce par hasard les êtres à conscience, angéliques ou humains? Non. Ce sont le pain, le vin,
des *éléments sensibles* en un mot, ou bien encore
des *complexions* de pareils éléments auxquelles
on accorde généreusement la dénomination de
substances, mais qui ne la méritent guère, puisqu'elles ne sont en somme que des accidents. La
différence entre les vraies et les fausses substances
est facile à tracer : les vraies substances propor-
tionnent leur action aux circonstances et sont
ainsi capables de souffler — comme on dit — le

froid et le chaud, ou de faire bien et mal, d'agir en amies et ennemies, de se conduire avec ou sans sagesse, ordre, constance, etc. Demandez aux substances sensibles de présenter cette latitude d'exercice : elles n'en feront rien; mais pourquoi? parce qu'elles ne sont que faites, c'est-à-dire, sont de simples images ou représentations inertes, accidentelles aux vraies substances. Or les représentations, encore une fois, ne coûtent pas plus à changer qu'à faire, les songes en sont une preuve incontestable !.. La *transsubstantiation* exigée par le mystère eucharistique ne renferme donc en elle-même aucune condition impossible ni même difficile à l'Intellect divin, quand il est déjà reconnu que ce dernier est, à l'état de *force*, capable de s'asservir le Sens théâtre de toutes les opérations sensibles, et plus encore — moyennant le concours de l'Esprit — de réduire cette puissance au rôle inférieur de simple mannequin vivant ou de pur accident phénoménique[1].

---

[1] Par cette explication, tous les textes des Pères sur le mode et les effets de la consécration s'expliquent comme d'eux-mêmes et d'un seul coup, en ce que *tout le Fait sensible* reste, et la *seule Puissance sensible* s'évanouit.

25. Résolvant la première difficulté rencontrée dans le mystère eucharistique, nous avons, du même coup, résolu la seconde, qu'on sait être tirée de l'impossibilité prétendue *d'accidents sans substance*. L'idée d'accidents sans substance n'est aucunement identifiable à celle d'accidents sans raison (soit éloignée, soit prochaine) [1], et par cette expression : accidents sans substance, on peut alors seulement vouloir dire qu'il existe un genre de positions externes simplement apparentes et toutes relatives, qui, par exemple, recouvrent les vraies substances comme la couleur revêt les corps, ou bien encore sont attribuables aux vraies réalités comme les goûts ou les odeurs le sont aux aliments qu'on mange ou aux parfums qu'on respire. Or nous avons reconnu que le Sens radical, après avoir occupé les deux positions *suprême* et *moyenne* de Personnalité ou de nature,

[1] Qu'il n'y ait point d'accidents sans *substance* ou *substratum subjectif* représentant, c'est incontestable ; mais qu'il n'y en ait point de même sans *substance* ou *substratum objectif* correspondant, voilà l'erreur. On en a la preuve évidente dans les hallucinations, qui toutefois ont leur *raison* d'être; mais cette dernière question est ici réservée.

est encore susceptible d'occuper — à l'extrémité
de l'échelle — celle de pur accident, ou d'accident tout à fait détaché du genre et de l'espèce,
et dès-lors seulement *réel* ou *subsistant* pour le
sujet qui l'aperçoit flottant devant ses yeux ou
ses sens, plutôt parce qu'il l'ajoute (fatalement
ou librement) aux objets, que parce qu'il le dé-
mêlerait en eux réellement. Il n'est donc pas
seulement possible qu'il y ait des accidents sans
substance, mais tous les purs accidents sensibles
sont nécessairement de ce genre, et par conséquent la seconde difficulté n'en est pas une. Il
faudrait, pour en trouver une réelle ici, que le
dogme eucharistique, au lieu de bien distinguer
entre les accidents et la substance, les entremêlât
ou confondît inconsidérément, à peu près comme
les anciens philosophes le pratiquaient en attri-
buant les couleurs à la matière et les sensations
du goût ou de l'odorat aux objets qui les provoquent en nous; mais tel n'est point assurément le
sens du dogme catholique, nous n'avons donc rien
à justifier en lui, dès-lors qu'on ne le dénature
pas et le conçoit sainement.

26. Enfin, comme, résolvant la première difficulté, nous avons implicitement résolu la seconde, résolvant la seconde nous avons résolu la troisième ; et voici comment, en effet, quand on a compris la possibilité d'accidents sans substance, on a compris aussi du même coup toute la possibilité de la *multilocation*. Les purs accidents ou les accidents sans substance sont déjà pour nous, d'après ce que nous avons dit, une chose exclusivement relative, flottante, objective, imaginaire. Alors, n'importe qu'on les représente liés ou dispersés, continus ou discrets : ils subsistent dans l'âme ou le sujet représentant, comme le relatif dans l'absolu. Telles sont, par exemple, toutes les pensées, sensations ou volontés dont nous avons conscience ou connaissance ; l'âme est consciente ou témoin de *toutes* ces apparitions objectives internes ; mais en est-elle moins *une* ? Nullement, elle seule répond à tout, à peu près comme si l'on disait inversement qu'en elle tout répond à un. Là, l'un *se multiplie* devant le tout, ou le tout s'unifie dans l'un, parce que le rapport du relatif à l'absolu consiste précisément dans cette équivalence ou correspondance obligée d'*un seul*

principe à *toutes* ses applications. Où se passent
et par qui sont produits, maintenant, les purs
accidents dont nous avons parlé ? N'est-ce point,
immédiatement, dans ou par le Sens radical, et
médiatement, dans ou par l'Intellect maniant ou
remaniant le Sens radical à sa guise, et faisant de
lui (sous le bon vouloir et moyennant le concours
de l'Esprit, § 24) ce qu'il veut ? Le Sens radical
étant un, l'Intellect radical étant un encore, et de
plus le Sens et l'Intellect radicaux étant uns dans
l'Esprit, tous les êtres apparents, dont la distribu-
tion apparente dans l'espace est par là même du
ressort exclusif du *Sens* externe et contingent,
sont alors (sous le rapport de cette même distri-
bution externe) dans ou devant les trois personnalités radicales réunies ou leur représentant
général l'*Intellect*, comme toutes les sensations,
pensées ou volontés sont dans l'âme, et le mul-
tiple ou le variable relatifs, dans l'un ou le simple
absolus ; et, dès-lors que l'activité divine radicale
trouve en elle-même assez de puissance *expansive*
pour les *étaler* tous objectivement devant ses
yeux , elle doit y trouver de même assez de puis
sance *collective* pour faire d'abord face à tous et

les *recueillir* à son gré de nouveau tous, réunis ou dispersés en groupes, dans son sein. Elle n'a point, d'ailleurs, beaucoup d'efforts à faire pour cela : contre un mal apparent un remède apparent suffit; et, tandis que la *dispersion* n'est qu'apparente, un *mouvement* de la pensée, *direct* ou *indirect*, mais bien volontaire et réfléchi, suffit à rappeler et réaliser au même titre l'union[1]. Il n'y

---

[1] Outre leur évidence intrinsèque, ces considérations rationnelles ont l'avantage de pouvoir être exposées analytiquement.

Soit un cube *A* composé de 27 petits cubes égaux, dont nous appellerons *a, a', a''*, les trois petits cubes de la première rangée *horizontale* de haut (symbole d'*extension*); *a, a$_1$, a$_2$*, les trois petits cubes de la première rangée *verticale* de gauche (symbole d'*intensité*).

Cela posé, si nous commençons par considérer tous les éléments égaux de la première série *horizontale* comme absolument distincts, le premier élément *a* existe évidemment une seule fois, en son sommet angulaire, à titre de *terme*. Mais qu'est-ce qui nous empêche de prendre encore en considération la première rangée *verticale*, et de concevoir actuellement que, au lieu de se poser exclusivement ici (comme tout à l'heure) en plusieurs exemplaires distincts, le premier élément *a se meut* avec un certain degré de vitesse absolue, d'où il résulte qu'il la parcourt entière dans une unité de temps, de manière à être instantanément en *a, a$_1$, a$_2$*?... D'abord il est bien certain qu'un même élément *a* peut faire

a donc point, encore une fois, d'absurdité ni d'im-
prudence à supposer la possibilité de la multilocation, il y en aurait bien plus à supposer le con-

à la fois fonction de *terme* et de *facteur*, à savoir : de *terme*,
comme sensible ; de *facteur*, comme spirituel ; car il peut
réunir en lui-même, et le Sens intensif qui se concentre, et
l'Esprit variable qui se détend soudainement. Puis, tandis
que le premier élément a se déplace ainsi comme *facteur*,
c'est-à-dire se pose comme *vitesse* en a_1, a_2, il est certaine-
ment pénétrable à ces deux éléments envisagés de leur côté
comme *termes* ; car le sensible et le spirituel sont choses
parfaitement superposables. Or ce que nous venons de dire
de a, d'abord *terme*, puis *facteur*, peut se dire inversement
par exemple, dans le sens vertical, de a_1, d'abord *facteur*,
puis *terme*; c'est-à-dire que, si nous avons $a = \begin{cases} \text{terme} \\ \text{facteur} \end{cases}$,

nous pouvons avoir $a_1 = \begin{cases} \text{facteur} \\ \text{terme} \end{cases}$. Et pour lors a et a_1

sont bien, comme *termes*, où ils ne sont pas comme *facteurs*;
mais ils sont aussi, comme *facteurs*, où ils ne sont pas comme
termes; et si, par conséquent, a terme et a_1 facteur nous donnent un produit tel que $a\,a_1$, a facteur et a_1 terme nous donnent un produit inverse tel que $a_1\,a$; par où il apparaît que,
en définitive et grâce à la décomposition des fonctions, a est
tout entier en a_1, comme a_1 est tout entier en a. Donc, plus
généralement, dès-lors et par cela seul que deux ou plusieurs
êtres sont susceptibles de fonctionner, chacun, en qualité de
termes et de *facteurs*, ils peuvent *se multiplier*; c'est pour-

traire; et, puisque sur ce troisième point, comme
sur les deux précédents, la doctrine catholique
n'implique jamais que ce que dicte la raison la plus
circonspecte et la plus saine, nous concluerons
de là qu'elle est éminement rationnelle et se distingue seulement de la Raison, parce que, au lieu
de nous arriver d'abord directement par la voie
de la Raison même, elle nous est indirectement
annoncée pour la première fois, en manière d'ora-
cle ou d'article de foi, par la Révélation.

27. Maintenant, après toutes les considérations précédentes nécessairement abstraites, mais
trop abstraites peut-être, on peut encore se sentir
le besoin de jeter un coup d'œil sur l'ensemble,
et celui, surtout, de se faire du dogme eucharistique une idée qui ne donne pas moins satisfaction
à l'imagination qu'à la raison. Pour répondre à
ce besoin, nous en appellerons à l'espèce *d'univer-
salité restreinte* qu'on sait convenir en Optique

quoi l'idée de *multilocation* n'est pas seulement possible en
soi, mais encore mathématiquement démontrable ou nécessaire. Effectivement, aucune multiplication ne serait imagina-
ble sans cette idée-là !...

aux *axes* et *centres* des cristaux, et nous emploie-
rons la comparaison suivante[1]. Rappelons-nous
d'abord que le premier état de la lumière naturelle
est un état complexe de distinction et d'union,
dont le démêlement est surtout réalisé par les
cristaux et notamment le spath d'Islande, où, des
deux images *ordinaire* et *extraordinaire*, en
émergeant dans un certain ordre, cette dernière
apparaît toujours, quand on fait tourner le spath,
circonvenir officieusement la première comme
pour la protéger contre les attaques du dehors. De
plus, si l'on suppose que le spath tourne avec

---

[1] Il serait possible ici de tourner cette *comparaison* en
thèse; mais la spécialité de cet écrit ne comporte point une étude
approfondie de la *nature humaine* sous ses trois aspects
physique, intellectuel et *spirituel,* dont le dernier est seul
nécessaire et fondamental. Toutefois, nous ne nous refuserons
pas à publier encore nos idées à ce sujet, si on le désire. —
En attendant, ceux qui voudraient ici trouver au moins un
commencement de preuve, nous les renverrons à saint Paul,
disant (I Cor. XV, 44) : *Est corpus animale, est et spiritale.*
Un corps est *spirituel,* quand, à la différence du corps *animal* concret, il se résout distinctement, comme *terme,* en ses
deux *facteurs* essentiels, qui sont l'*extension* et l'*intensité.*
C'est ainsi que ces deux facteurs sont réunis dans la notion
de *section principale* en optique.

une infinie vitesse, on conçoit que, des deux images alignées dans la *section principale* du cristal, la périphérique apparaisse former une *circonférence continue* lumineuse autour de la centrale. Mais ce n'est pas tout, et, de l'aveu de tous les physiciens, tout plan parallèle au plan qualifié tout à l'heure de section principale est section principale aussi. Si donc, l'observateur change plusieurs fois de plan d'observation sans nuire au parallélisme de la direction des images, il les apercevra forcément multipliées autant de fois qu'il les aura considérées en plus de plans. Dans le fait général de l'apparition des deux images en un spath, il y a donc finalement deux mouvements spéciaux à considérer, qui sont: 1° le mouvement *circulaire* ou révolutif du cristal; 2° le mouvement *rectiligne* correspondant à toute aperception déterminée suivant l'une ou l'autre des innombrables sections principales du même corps. Est-ce, alors, le premier cas qui se produit dans toute sa plénitude où perfection: il exprime l'état *angélique* de l'Intellect divin, par lequel cette Puissance correspond *à la fois* à tous les lieux de l'espace sphérique où se trouvent compris les êtres servant de terme ou d'*objectif*

réel à son action ou représentation interne. Est-
ce, au contraire, le second qui survient : il exprime
l'état *humain* au moyen duquel l'Intellect divin,
particularisant son action, entre en relation *distincte* avec chacun des mêmes êtres extérieurs
qu'il lui plait de rendre spectateurs de sa présence
réelle. Mais, de même que l'Intellect, subsistant
d'abord sous forme *spéciale* angélique, ne laisse
point ainsi de se *particulariser* ou diviser par des
actes sensibles, distincts, il n'est point pareillement incapable, subsistant inversement sous
forme *particulière* humaine, de redevenir *spé-
cial* en traduisant par réitération ses *actes* en
habitudes; et, comme on le conçoit aisément, ces
habitudes une fois acquises ne sont pas moins
susceptibles de se développer (par élévation) en
étendue que de gagner (par insistance) en force.
Ni l'état angélique n'exclut donc en principe l'état
humain, ni l'état humain n'exclut à son tour l'angélique; mais il y a des degrés ralliant chacun de
ces états extrêmes à l'autre, et quand il s'agit
surtout d'un même Être ou d'une même Puissance
réunissant en soi les deux extrêmes, il doit lui
être infiniment aisé, tout aussi bien de traduire

son *extension* réelle en une foule d'*actes* distincts,
que de condenser cette foule d'*actes* distincts en
une seule *habitude*. En conséquence, l'état eucharistique de la divine Humanité ressemble
finalement à celui d'une Sphère lumineuse *tournant*, d'une part, d'un mouvement assez rapide
pour effectuer en chaque instant, et quel qu'en
soit le rayon, un tour entier sur elle-même, mais
n'apparaissant jamais, d'autre part, qu'en particulier aux divers points du ciel, ou bien ne se manifestant par *rayonnement* que dans une seule
direction à chacun des êtres intelligents capables
d'entrer avec elle en relation sensible. Tout ce
qui se distingue ensuite sous ces deux rapports, de
l'*essence humanitaire* en l'Homme-Dieu, comme
la forme ou la taille du corps, l'expression ou la
vivacité des traits, tout le *physique*, en un mot,
reste, en qualité de *pur accident*, indépendant
des *positions réelles* de cet être en l'un ou l'autre
de ses deux modes *circulaire* ou *rectiligne* d'application déjà décrits; et, parce qu'il n'en est
toutefois pas plus exclu que requis, il en accom-
pagne l'état habituel, quand Dieu le veut, comme,
quand Dieu le veut, il s'en sépare et s'évanouit.

28. Ce qui, depuis le péché originel, fait tout notre malaise ou notre mal, ce n'est point la *distinction* réelle des personnes (sensible, intellectuelle, spirituelle) ni la *division* réelle des natures (divine, angélique, humaine), mais *le défaut de présence apparente* ou *la dispersion imaginaire* des mêmes natures ou personnalités, d'où résultent simultanément la rupture de toute union *morale*, et la cessation de toute jouissance *sensible*, telle qu'on pourrait la souhaiter ou vouloir. Afin de remédier à ce mal, qu'a fait le divin Rédempteur ? Il a commencé par enlever d'entre nous et Lui ce mur de séparation imaginaire, cette barrière d'une imagination folle et déraillée, qui nous exclut de partout où le Sens et la vision externes ne nous accordent point de place actuelle apparente; et, pour mieux nous rassurer à cet égard, il a institué l'Eucharistie, qui n'est précisément entre nous et Lui que la pratique de la foi divine en la présence *réelle* d'êtres en *apparence* distants. Et qui pourrait alors ne pas voir dans cette institution un retour au moins initial à cet état primitif d'innocence et de béatitude d'où le péché nous a fait déchoir, et le prélude de la vie des

Cieux qui doit tant nous grandir, nous dirions presque nous universaliser, tout à fait indépendamment de la grandeur et de la masse apparentes de nos corps? Un roi n'est-il point présent partout dans son empire par l'esprit? Et tout sujet fidèle n'est-il point, de même, toujours présent d'esprit à son souverain? Mais on répute vaine cette présence d'esprit; et c'est là l'erreur. L'Esprit est aussi réellement présent partout dans sa sphère, que le Sens externe l'est lui-même dans la sienne, aux lieux déterminés qu'il nous paraît occuper. Le Sens externe peut tromper ou n'annoncer qu'une résidence fictive, puisqu'il n'est qu'apparence; mais l'Esprit, qui s'élève au-dessus de toutes considérations de lieux ou de moments, est par cela même toujours aussi réel qu'universel. Le Sens externe, s'arrêtant à la surface des choses, est un indicateur incertain au moins; mais l'Esprit, qui scrute tout avec conscience et discernement, ne peut au contraire faillir : identique à Dieu et à la vérité même par sa certitude propre, il est également, à sa manière, extensif; et sous ce rapport il est de tous les lieux, précisément parce qu'il n'est, si ce n'est sous symbole, d'aucun.

C'est aussi sous symbole que s'accentue dans le temps (comme s'accentuera dans l'éternité) la présence réelle, au milieu de nous, de l'Homme-Dieu qui, sans cela, quoique spirituellement présent, semblerait ne l'être point. De vue sensible et figurée de Dieu, l'on ne saurait évidemment de prime abord en avoir aucune, puisqu'il n'est en lui-même qu'Esprit; mais le Verbe s'est fait chair, la chair est passée sous les apparences du pain, et pour lors on a pu voir Dieu en esprit et l'adorer en vérité dans un mystère, où les douteuses indications du Sens externe, si souvent employées à nous perdre et à nous séparer de Dieu, servent exceptionnellement à nous y ramener et à nous y fixer aussi peut-être. Plus on y participe alors, plus on doit s'affermir ou pénétrer du même coup dans la vie divine, la nature ou la fin de cette union divine n'étant pas autre chose que l'unité d'Esprit.

www.ingramcontent.com/pod-product-compliance
Lightning Source LLC
Chambersburg PA
CBHW060602100426
42744CB00008B/1276